Langenscheidt

Fehlerfrei Italienisch

Fehler erkennen und für immer vermeiden

von

Anna Bristot

Langenscheidt

Langenscheidt
Fehlerfrei Italienisch
Fehler erkennen und für immer vermeiden

von Anna Bristot

Neuauflage der ISBN 978-3-12-563425-1

1. Auflage 2024

www.langenscheidt.com

Autorin: Anna Bristot
Projektleitung: Angela de Riese
Redaktion: Federica Colombo
Illustrationen: Dean Laxer
Einbandgestaltung: PONS Langenscheidt GmbH, Anne Pixaras, Stuttgart
Umschlagillustration: Dean Laxer
Satz: tebitron gmbh, Gerlingen
Druck und Bindung: Publikum d.o.o.

ISBN 978-3-12-563595-1

VORWORT

Richtig oder falsch?

Jetzt können Sie schon so gut Italienisch und stolpern doch immer wieder über dieselben Hindernisse? Machen Sie endgültig Schluss damit! **Langenscheidt Fehlerfrei Italienisch** hilft Ihnen dabei, typische Fehler effektiv zu verlernen. Die Fehler in diesem Buch sind geordnet nach den Bereichen Wortschatz und Wortbildung, Grammatik, Rechtschreibung und Zeichensetzung, Aussprache sowie Stil. So können Sie gezielt einzelne Themen angehen oder auch einfach durchschmökern. Sicher werden Ihnen viele der Stolpersteine bekannt vorkommen und Sie können sie dank einleuchtender Erklärungen und vieler Beispielsätze aus dem Weg räumen.

Viel Spaß und Erfolg! *Ihre Langenscheidt-Redaktion*

avere
haben

Avere wird als Voll- und Hilfsverb verwendet. Es kommt außerdem in Redewendungen vor, die oft dem Deutschen entsprechen. Es gibt jedoch Ausnahmen, die Stolperfallen bieten, u. a. bei der Altersangabe und bei der gefühlten Temperatur.

Quanti anni hai ~~sei~~?
Wie alt bist du?

In der ersten Spalte finden Sie immer den korrekten Ausdruck und die Übersetzung.

- Bei jedem Fehler wird erklärt, was schieflaufen kann und wie es richtig heißt. Zusätzlich sehen Sie in einem übersetzen Beispielsatz die richtige Anwendung.
- Alles, was durchgestrichen ist, ist falsch. Häufig vorkommende Fehler erkennen Sie so auf den ersten Blick und können sie umgehen.

Zoom su... heißt, dass hier der Wortschatz noch vertieft und erweitert wird: *Zoom auf ...*

Buono a sapersi! bedeutet *gut zu wissen*. Hier erfahren Sie Wissenswertes über Land und Leute.

Attenzione! heißt *Achtung!* Hier wird der Blick noch genauer auf eine typische Stolperfalle gelenkt.

1. Luigi è ____ 1 metro e 80. ❍ A alto ❍ B grande
2. Brr! Che ____! Guarda come nevica! ❍ A caldo ❍ B freddo
3. Che ____ elegante! Ti sta molto bene! ❍ A sacco ❍ B giacca

Quiz Zu vielen Themen finden Sie am Ende des Abschnitts ein Quiz. Hier können Sie gleich anwenden, was Sie gelernt haben. Ob alles stimmt, verraten Ihnen die Lösungen am unteren Seitenende.

Blitzquiz Im Blitzquiz testen Sie ganz schnell und zwischendurch, was Sie schon können. Die Lösung finden Sie immer direkt auf der nächsten Seite unten – einfach umblättern.

BLITZQUIZ

______ cinque lingue, tra cui l'italiano.

❍ A Sa

❍ B Pu

INHALTSVERZEICHNIS

Wortschatz und Wortbildung

Grammatik

Rechtschreibung und Zeichensetzung

Aussprache

Stil

WORTSCHATZ UND WORTBILDUNG

Falsche Freunde: Familie, Stärken und Schwächen

l'affetto
Zuneigung

Affetto wird nicht mit *Affekt* übersetzt, es bedeutet *Zuneigung*. Im Brief ist **con tanto affetto** eine Schlussformel, die durch *herzlich* übersetzt wird.

Cara nonna, come va? … con tanto affetto, la tua nipotina
Liebe Oma, wie geht's? … Herzlich, dein Enkelkind

alto
hoch, groß

Alto bedeutet sowohl *hoch* als auch *groß* (Höhe und Tiefe – *tief* wird aber abhängig vom Kontext auch **profondo** übersetzt). *Alt*, das **alto** ähnelt, heißt auf Italienisch **vecchio**.

Quanto sei alto?
Wie groß bist du?

Mi piace nuotare nell'acqua alta.
Ich mag es, im tiefen Wasser zu schwimmen.

Carlo abita in una vecchia casa di campagna.
Carlo wohnt in einem alten Landhaus.

Zoom su…

Das Adjektiv **alto** wird auch in dem Ausdruck **parlare ad alta voce** (oder **parlare a voce alta**) verwendet. Die gleiche Bedeutung hat auch **parlare forte**. Auf Deutsch lautet die Übersetzung *laut reden*.

Das Gegenteil ist **parlare a voce bassa**, *leise reden*. Auch in diesem Fall hat man als Alternative **parlare piano**.

Alto wird also im Bezug auf Lautstärke auch als *laut* übersetzt:

La musica è un po' troppo alta. Abbassa il volume della radio.
Die Musik ist ein bisschen zu laut. Stelle das Radio leiser.

bravo
gut, tapfer, super

Bravo bedeutet *gut, tapfer, super* und nicht *brav*, das auf Italienisch **buono** heißt.

Complimenti! Sei davvero bravo a disegnare.
Kompliment! Du bist wirklich gut im Zeichnen.

Nonostante la febbre, Luigi è arrivato in cima alla montagna. È stato proprio bravo.
Trotz Fieber ist Luigi am Gipfel des Berges angekommen. Er war echt tapfer.

Bravo! Hai fatto un bel lavoro.
Super! Du hast gute Arbeit geleistet.

brutto
hässlich, schlecht

Brutto bedeutet sowohl *hässlich* als auch *schlecht*. Das deutsche Wort *Brutto* heißt auf Italienisch **lordo**.

Questo maglione è proprio brutto!
Dieser Pullover ist wirklich hässlich!

Oh no, anche domani ci sarà brutto tempo.
Ach nein, auch morgen wird das Wetter schlecht sein.

il difetto
Fehler, Schwäche

Difetto heißt *Fehler* und *Schwäche*. *Defekt* bedeutet auf Italienisch **guasto**.

Questa borsa costa solo 20 € perché ha un piccolo difetto di fabbrica.
Diese Tasche kostet nur 20 €, weil sie einen kleinen Fabrikationsfehler hat.

Al colloquio di lavoro gli hanno chiesto di elencare i suoi pregi e i suoi difetti.
Beim Vorstellungsgespräch wurde er gebeten, seine Stärken und Schwächen aufzulisten.

L'apparecchio è nuovo, però ha un guasto tecnico.
Das Gerät ist neu, hat aber einen technischen Defekt.

grosso
kräftig, dick

Grosso heißt *kräftig* und *dick*, manchmal auch *groß*, aber normalerweise wird *groß* meistens durch **grande** bzw. **alto** übersetzt.

Mio nonno è grande e grosso, mentre mia nonna è piccola e magra.
Mein Großvater ist groß und kräftig, während meine Großmutter klein und schlank ist.

Zoom su...

Ähnlich dem Wort **grosso** gibt es auf Italienisch **grossolano**, das von **grosso** abgeleitet ist. **Grossolano** heißt auf Deutsch *grob*.

Fare un errore grossolano bedeutet *einen groben Fehler machen.*

Essere una persona grossolana bedeutet *eine grobe Person sein.*

la nonna
Großmutter

Nonna ist keine *Nonne*. **Nonna** bedeutet *Großmutter*. Eine *Nonne* heißt auf Italienisch **la suora**.

Vai dalla nonna e portale il pane!
Geh zur Großmutter und bring ihr das Brot!

il regalo
Geschenk

Un regalo wird oft in der Familie geboten. **Regalo** bedeutet *Geschenk* und nicht *Regal*, das auf Italienisch **scaffale** heißt.

Abbiamo nascosto il regalo in salotto, sullo scaffale, dietro ai libri.
Wir haben das Geschenk im Wohnzimmer auf dem Regal hinter den Büchern versteckt.

Falsche Freunde: Einrichtung und Wohnen

la camera
Zimmer

Camera ähnelt dem deutschen Wort *Kamera*, hat aber eine ganz andere Bedeutung. Es bedeutet *Zimmer*. Die Übersetzung von *Kamera* lautet **macchina fotografica**.

- Hai visto per caso la mia macchina fotografica?
+ Sì, è in camera mia, sulla scrivania.
- Hast du zufällig meine Kamera gesehen?
+ Ja, sie ist in meinem Zimmer auf dem Schreibtisch.

la cantina
Keller

Cantina bedeutet *Keller*. *Kantine*, das **cantina** ähnelt, lautet auf Italienisch **mensa**.

Per favore, potresti andare in cantina a prendere una bottiglia di vino?
Könntest du bitte in den Keller gehen, um eine Flasche Wein zu holen?

Giulia, oggi hai pranzato a casa o in mensa?
Giulia, hast du heute zu Hause oder in der Kantine Mittag gegessen?

il giardino
Garten

Giardino bedeutet *Garten*. *Gardine* heißt auf Italienisch **la tenda**.

I vicini di casa hanno un bel giardino.
Die Nachbarn haben einen schönen Garten.

Ho lavato le tende della cucina.
Ich habe die Küchengardinen gewaschen.

il piano
Etage, Platte

Piano bedeutet *Etage* und auch *Platte*. Zum *Piano* sagt man auch im Italienischen **il piano(forte)**.

Non mi piacerebbe abitare al piano terra.
Ich würde nicht gern im Erdgeschoss wohnen.

Abbiamo una cucina nuova con un piano di marmo.
Wir haben eine neue Küche mit einer Marmorarbeitsplatte.

pulire
sauber machen, putzen

Pulire bedeutet *sauber machen*. *Polieren*, das **pulire** ähnelt, bedeutet jedoch **lucidare**.

- Hai già fatto le pulizie di primavera?
+Ho pulito solo i cassetti della cucina e lucidato il vassoio d'argento.
- Hast du schon den Frühlingsputz gemacht?
+ Ich habe nur die Küchenschubladen sauber gemacht und das Silbertablett poliert.

Zoom su...

pulire il lavandino – *das Waschbecken reinigen*
pulirsi la bocca - *sich den Mund abwischen*
pulirsi il naso - *sich die Nase putzen*
Aber: **lavarsi i denti** – *sich die Zähne putzen*

Achtung! *Putzen* ähnelt dem italienischen **puzzare**, das jedoch *stinken* bedeutet.

il tappeto
Teppich

Tappeto bedeutet nicht *Tapete*, sondern *Teppich*! *Tapete* wird im Italienischen **carta da parati** übersetzt. *Bezug* heißt **tappezzeria**.

Questo tappeto persiano è davvero molto antico.
Dieser persische Teppich ist wirklich sehr alt.

Dobbiamo cambiare la carta da parati e la tappezzeria della poltrona.
Wir müssen die Tapete und den Bezug des Sessels austauschen.

Zoom su...

Auf dem Teppich bleiben wird auf Italienisch **rimanere con i piedi per terra** übersetzt.

Falsche Freunde: Essen und Lebensmittel

il bar
Café

Bar bedeutet *Café*, man trifft sich dort auch gerne morgens für einen Cappuccino mit Croissant und abends für einen Aperitif. Eine deutsche *Bar* ist eher ein Nachtlokal, wo man Cocktails trinkt. Wenn man *bar* bezahlt, sagt man im Italienischen **in contanti**.

Ci incontriamo domani mattina alle 10 al bar della biblioteca?
Treffen wir uns morgen um 10 Uhr im Café der Bibliothek?

i confetti
Zuckermandeln

Confetti sind *Zuckermandeln* und kein *Konfetti*, das im Italienischen mit **i coriandoli** übersetzt wird.

Quando si parla di confetti, vuol dire che c'è una festa in vista.
Wenn man über Zuckermandeln redet, bedeutet es, dass ein Fest vor der Tür steht.

I coriandoli si lanciano a Carnevale.
Konfetti wirft man zu Karneval.

Buono a sapersi!

La bomboniera hat eine lange Tradition in Italien. Es sind ein, drei oder fünf **confetti** in einem Tüllsäckchen, die man bei besonderen persönlichen Ereignissen im Leben als Erinnerung an den Tag den Eingeladenen schenkt. Jedes Fest hat eine eigene Farbe für die Zuckermandeln: Hellblau für die Geburt eines Sohnes, Rosa für die Geburt einer Tochter, Weiß für die Hochzeit, Rot für den Universitätsabschluss, Silber für die silberne Hochzeit und Gold für die goldene Hochzeit.

le cozze
Miesmuscheln

Cozze bedeutet *Miesmuscheln*. Sind diese nicht mehr frisch, kann jemandem schlecht werden. Dann ist das Wort *Kotze* **(vomito)** bzw. das Verb *kotzen* **(vomitare)**, die ähnlich klingen wie **cozze**, zu benutzen.

Intossicazione alimentare: turisti mangiano cozze avariate e vomitano tutta la notte.
Lebensmittelvergiftung: Touristen essen verdorbene Miesmuscheln und übergeben sich die ganze Nacht.

la fetta
Scheibe, Stück

Fetta bedeutet nicht *fett*, sondern *Scheibe* oder auch *Stück*. *Fett* heißt auf Italienisch **grasso**.

Dai! Prendi ancora una fetta di torta con le fragole!
Komm! Iss noch ein Stück Erdbeerkuchen!

Scusi, una cortesia, potrebbe tagliare il prosciutto a fette più sottili?
Entschuldigen Sie, eine Bitte, könnten Sie den Schinken in dünnere Scheiben schneiden?

Questo formaggio è troppo grasso.
Dieser Käse beinhaltet zu viel Fett.

Buono a sapersi!

In Italien wird der Schinken direkt bei der Bestellung aufgeschnitten und man bestellt nicht nach der Anzahl der Scheiben, sondern nach Gewicht (z. B. **un etto** = *100 Gramm*).

il latte
Milch

Latte ähnelt dem deutschen Wort *Latte*, bedeutet aber *Milch*. *Latte* heißt im Italienischen je nach Kontext **la traversa** (Hand-, Fußball) oder **l'asticella** (Leichtathletik).

Preferisci il latte fresco o a lunga conservazione?
Bevorzugst du frische oder H-Milch?

molle
weich, Federn

Molle als Adjektiv heißt auf Deutsch *weich*. **Molle** ist aber auch der Plural des Substantivs **la molla**, das *Feder* bedeutet – z. B. von Matratzen. Das deutsche Wort *mollig* übersetzt man mit **grassottello**.

L'impasto della pizza è troppo molle e appiccicoso.
Der Pizzateig ist zu weich und klebrig.

Mirko è un po' grassottello, dovrebbe fare sport.
Mirko ist ein bisschen mollig, er sollte Sport treiben.

Zoom su...

Aus dem Adjektiv **molle** kommt das Wort **pappamolle** oder **pappamolla**. Ist jemand schwach, ohne Charakter und Energie, sagt man **è un/una pappamolla.**

il peperone
Paprika

Peperone heißt *Paprika* und nicht *Peperoni*. Die scharfe Paprikaschote heißt auf Italienisch **il peperoncino**, das oft die **spaghetti aglio e olio** ergänzt.

Vai per favore dal fruttivendolo e prendi tre peperoni gialli!
Gehe bitte zum Obst- und Gemüsehändler und kaufe drei gelbe Paprika!

salato
salzig, gesalzen

Sale heißt *Salz* und **salato** bedeutet *salzig* bzw. *gesalzen*. Achtung: Wenn man einen *Salat* essen möchte, bestellt man **l'insalata.**

La pasta va buttata nell'acqua salata.
Nudeln werden ins gesalzene Wasser geworfen.

il tonno
Thunfisch

Tonno bedeutet *Thunfisch*. *Tonne* klingt ähnlich, aber heißt **la tonnellata** und auch **il bidone.**

Oggi in mensa c'era la pasta con il tonno.
Heute gab es in der Kantine Nudeln mit Thunfisch.

Falsche Freunde: Bekleidung und Material

il costume
Badeanzug, Gebrauch

Costume als Bekleidung kann sowohl ein *Badeanzug* als auch ein *Karnevalskostüm* sein. **Costume** bedeutet außerdem auch *Sitte/Gebrauch*. Das deutsche Wort *Kostüm* übersetzt man im Italienischen mit dem französischen Wort **tailleur**, das im Italienischen *taljör* ausgesprochen wird.

Dai, metti il costume, andiamo in spiaggia!
Komm, zieh den Badeanzug an, wir gehen an den Strand!

È molto importante conoscere gli usi e costumi degli altri popoli.
Es ist sehr wichtig, Sitten und Gebräuche anderer Völker zu kennen.

il golf
Strickjacke, Golf

Golf ist nicht nur das gleichnamige Spiel, bedeutet auch *Strickjacke*! Auf Italienisch bezeichnet **golf** keine Meeresbucht (*Golf* auf Deutsch), hier muss man einen **o** am Ende hinzufügen: **golfo**.

Il golf blu è nell'armadio in camera da letto.
Die blaue Strickjacke liegt im Schrank im Schlafzimmer.

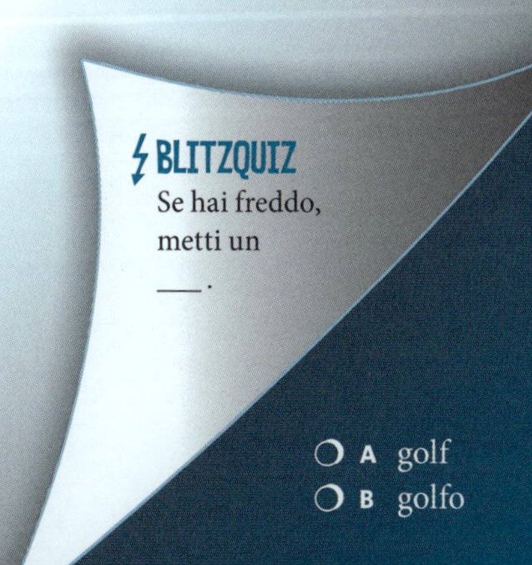

BLITZQUIZ
Se hai freddo, metti un ___.

- A golf
- B golfo

leggero
leicht, dünn (Kleidung)

Leggero bedeutet *leicht* und kann sich u. a. auf Kleidung sowie auf Essen beziehen. Das Gegenteil lautet **pesante: un maglione pesante** *(ein dicker Pullover)* oder **un pasto pesante** *(eine schwere Mahlzeit).*

Sei vestito troppo leggero, così ti ammalerai!
Du bist zu dünn angezogen, so wirst du krank!

Quando fa caldo, preferisco mangiare piatti leggeri.
Wenn es warm ist, bevorzuge ich leichte Gerichte.

morbido
weich, fluffig

Morbido ähnelt *morbid*, heißt aber *weich/fluffig. Morbid* lautet im Italienischen **marcio**.

Che bel maglione morbido. È di cachemire?
Was für ein schöner weicher Pullover. Ist er aus Kaschmir?

la pelle
Leder, Haut

Pelle bedeutet sowohl *Leder* als auch *Haut*. Das deutsche Wort *Pelle* heißt auf Italienisch **buccia**.

Ti piace la mia nuova giacca di pelle?
Magst du meine neue Lederjacke?

il sacco
Sack

Sacco ist auf Italienisch kein Kleidungsstück, sondern ein *Sack*. Das deutsche *Sakko* übersetzt man stattdessen im Italienischen mit **la giacca (da uomo)**.

Questa giacca è troppo grande per te, sembra che tu abbia su un sacco.
Dieses Sakko ist zu groß für dich, es sieht so aus, als ob du einen Sack tragen würdest.

Zoom su...

sacco dell'immondizia – *Müllsack*
sacchetto biodegradabile – *biologisch abbaubare Tüte*

Sacco bedeutet auch *Haufen/Menge*:

Paolo ha un sacco di libri. – *Paolo hat eine Menge Bücher.*

Lösung Blitzquiz
A

lo scialle
Schultertuch

Scialle bedeutet *Schultertuch* und wird nicht so oft getragen. Verbreiteter ist der *Schal*, der auf Italienisch **sciarpa** heißt.

Lei aveva uno scialle bello morbido, io avevo solo la mia sciarpa leggera: avevo freddo.
Sie hatte ein sehr weiches Schultertuch, ich hatte nur meinen leichten Schal: Es war mir kalt.

il tacco
Absatz

Tacco bedeutet *Absatz* und hat nichts mit dem *Tacho* im Auto zu tun, das im Italienischen **tachimetro** lautet.

Cerco delle scarpe con il tacco alto, però comode!
Ich suche Schuhe mit hohem Absatz, die aber bequem sind!

la taglia
Größe

La taglia bedeutet die *Kleidergröße*, *Taille* hingegen heißt im Italienischen **la vita** *(Umfang)*.

- Che taglia porta/ha?
+ La (taglia) 42.
- Welche Größe tragen Sie?
+ Die Größe 42.

Buono a sapersi!

Bei Frauengrößen sollten Sie in Italien aufpassen: Die Größe 42 entspricht der deutschen Größe 38. Rechnen Sie immer vier Zahlen dazu und Sie haben Ihre italienische Größe!

Um zu wissen, welche Schuhgröße eine Person trägt, fragt man:

Che numero di scarpe hai? – *Welche Schuhgröße trägst du?*

Hier gibt es zwischen Italien und Deutschland keinen Größenunterschied.

Falsche Freunde: Ausbildung, Schule und Universität

l'asilo
Kindergarten, Asyl

Asilo bedeutet *Kindergarten*. Das deutsche Wort *Asyl* lautet auf Italienisch **l'asilo politico** – ist der Kontext klar, wird oft nur **asilo** gesagt.

Paola ha sei anni e va a scuola, Luca invece va ancora all'asilo.
Paola ist sechs Jahre alt und geht zur Schule, Luca hingegen geht noch in den Kindergarten.

Hanno fatto richiesta di asilo politico.
Sie haben politisches Asyl beantragt.

l'aula
Klassenzimmer/ Raum (Schule und Universität)

Aula bedeutet *Klassenzimmer* oder *Raum* (Universität). Das deutsche Wort *Aula* bezeichnet die italienische **aula magna**.

In che aula abbiamo lezione?
In welchem Raum haben wir Unterricht?

Presentazione dei corsi. Dove? Nell'Aula Magna.
Kursvorstellung. Wo? In der Aula.

la carta
Papier

Carta bedeutet *Papier*. *Karte* im Sinne von *Ticket/Fahrkarte* heißt auf Italienisch **il biglietto**.

È finita la carta nella stampante.
Im Drucker ist kein Papier mehr.

Ricordati di prendere i biglietti per il teatro!
Denke daran, die Theaterkarten mitzunehmen!

Zoom su...

In Italien sagt man zur *Visitenkarte* **il biglietto da visita.**

Die *Karte* im Restaurant heißt **il menu.**

Eine *Landkarte* ist **una cartina geografica.**

il compasso
Zirkel

Un compasso ist ein *Zirkel* und damit kommen Sie im Matheunterricht klar. Übersetzen Sie das Wort nicht mit *Kompass*, das auf Italienisch **la bussola** heißt, und eher für die Orientierung wichtig ist!

A scuola, per la lezione di geometria, si usa il compasso.
In der Schule, für den Geometrieunterricht, wird der Zirkel benutzt.

Ha perso la bussola. In tutti i sensi.
Er hat die Orientierung (wörtl.: den Kompass) verloren. In jeder Hinsicht.

il concorso
Wettbewerb

Concorso heißt auf Deutsch *Wettbewerb* und nicht *Konkurs*, das **il fallimento** ist.

Dopo il fallimento della ditta hanno partecipato a un concorso e lo hanno vinto.
Nach dem Konkurs der Firma haben sie an einem Wettbewerb teilgenommen und ihn gewonnen.

Buono a sapersi!

In Italien spricht man oft von **concorsi**. Es handelt sich um Verwaltungswettbewerbe, die als Möglichkeit dienen, Personen für die Ausübung öffentlicher Funktionen auszuwählen. **Un concorso** ist eine Art Prüfung, um eine oder mehrere Stellen in einem öffentlichen Amt zu besetzen. Diese Praxis ist nicht nur in Italien, sondern in vielen Staaten üblich.

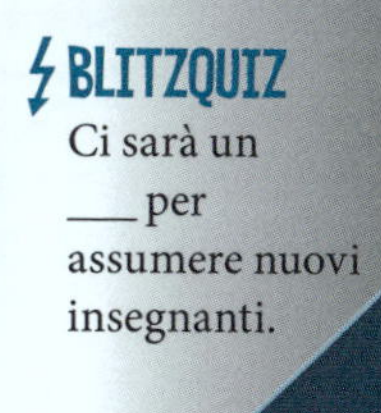

BLITZQUIZ

Ci sarà un ___ per assumere nuovi insegnanti.

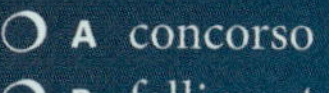

- A concorso
- B fallimento

l'esame
Prüfung, Examen

Esame heißt zwar *Examen*, doch häufiger ist die korrekte Übersetzung von **esame** *Prüfung* im Allgemeinen.

Ho superato l'esame di guida!
Ich habe die Fahrprüfung bestanden!

Sta studiando per l'Esame di Stato, non disturbarlo.
Er lernt gerade für das Staatsexamen, störe ihn nicht.

Zoom su...

Im Italienischen spricht man von **esami** auch im medizinischen Bereich: Die *Blutuntersuchung* heißt **esami del sangue**, die *Urinuntersuchung* **esami delle urine**.

Beachten Sie, dass **esami** im Sinn von medizinischer Untersuchung immer im Plural steht.

Buono a sapersi!

Gli esami non finiscono mai *(Die Prüfungen enden nie)* ist der Titel einer Komödie von Eduardo de Filippo (1900 – 1984, Schauspieler und Theaterautor), den man oft als Redewendung verwendet, um zu betonen, dass die Prüfungen, denen man sich im Leben stellen muss, ununterbrochen sind.

la frase
Satz

Frase ähnelt dem deutschen Wort *Phrase*, bedeutet jedoch *Satz*. Für *Phrase* sagt man **frase fatta**.

Potresti rileggere a voce alta l'ultima frase?
Könntest du den letzten Satz laut noch mal lesen?

Qual è la frase fatta che più non sopporti?
Welche ist die Phrase, die du am wenigsten erträgst?

Lösung Blitzquiz
A

il lessico
Wortschatz

Lessico bedeutet *Wortschatz.* Das deutsche Wort *Lexikon* wird auf Italienisch mit **il dizionario** übersetzt.

Per arricchire il tuo lessico, leggi molto!
Um deinen Wortschatz zu erweitern, lies viel!

Quanto è costato il nuovo dizionario?
Wie viel hat das neue Lexikon gekostet?

la nota
Tadel, Note (Musik)

Nota bedeutet sowohl *Note* (Musik) als auch *Tadel.* Das ähnliche deutsche Wort *Note* (in der Schule) übersetzt man auf Italienisch mit **il voto.**

La maestra ha dato una nota a Roberto che continuava a disturbare.
Die Grundschullehrerin hat Roberto, der weiterhin störte, einen Tadel erteilt.

Che voto hai preso nel compito in classe di storia?
Welche Note hast du in der Geschichtearbeit bekommen?

Zoom su...

Im Deutschen wird für (Schul-)Note auch das Wort *Zensur* verwendet. Im Italienischen spricht man nur von **il voto.**

Das Wort *Zensur* im Sinne einer unterbindenden Kontrolle der freien Meinung heißt im Italienischen **la censura.**

(la) prima
früher/vorher, erste Klasse

Prima bedeutet *früher, vorher, zuerst,* doch im Schulkontext ist **la prima** die *erste Klasse.* Der deutsche Ausruf *prima!* lautet auf Italienisch **ottimo**!

Chiara ha sei anni e è in prima.
Chiara ist sechs Jahre alt und ist in der ersten Klasse.

Prima fai i compiti, poi giochi.
Zuerst machst du die Hausaufgaben, danach spielst du.

Ottimo! Allora ci vediamo stasera.
Prima! Dann sehen wir uns heute Abend.

promuovere
versetzen, fördern

Promuovere bedeutet sowohl *versetzen* als auch *fördern*. Das deutsche Wort *promovieren* lautet auf Italienisch **conseguire il dottorato di ricerca**.

Michela è stata promossa a pieni voti!
Michela ist mit den besten Noten versetzt worden!

Pietro ha conseguito il dottorato in medicina.
Pietro hat in Medizin promoviert.

studiare
lernen, studieren

Studiare bedeutet sowohl *lernen* als auch *studieren*. Der Lernprozess wird genauer mit **imparare** oder mit **apprendere** differenziert, die auf Deutsch auch mit *(er)lernen* übersetzt werden.

Studia architettura a Venezia.
Er/Sie studiert Architektur in Venedig.

Studiano insieme per una ricerca di storia.
Sie lernen zusammen für eine Geschichterecherche.

il tema
Aufsatz

Wenn in der Schule von einem **tema** die Rede ist, spricht man von einem *Aufsatz*. Auf Italienisch benutzt man das Wort **tema** auch für ein *Gesprächsthema*, jedoch ist das Wort **argomento** passender.

La prima prova della maturità è un tema di italiano.
Der erste Teil der Abiturprüfung ist ein Aufsatz auf Italienisch.

Cambiamo argomento!
Wechseln wir das Thema!

Zoom su...

Der italienische Ausdruck **andare fuori tema** wird benutzt, wenn man vom Gesprächsthema abweicht. Auch wenn man bei einem Aufsatz das Thema verfehlt, benutzt man diese Wendung.

il termine
Begriff, Frist

Termine bedeutet sowohl *Begriff* als auch *Frist*. *Termin* heißt auf Italienisch **l'appuntamento**.

Questo è un termine tecnico.
Das ist ein Fachbegriff.

Dopodomani è il termine di consegna della merce.
Übermorgen ist die Lieferfrist der Waren.

Buongiorno, vorrei fissare un appuntamento.
Guten Tag, ich würde gerne einen Termin vereinbaren.

il testo
Text

Testo bedeutet *Text* und nicht *Test*! *Test* sagt man genauso auch im Italienischen: **il test**.

Oggi abbiamo letto un testo interessante e poi fatto un test.
Heute haben wir einen interessanten Text gelesen und danach einen Test gemacht.

Falsche Freunde: Arbeit und Beruf

l'affare
Geschäft

Achtung: **Affare** ist keine *Affäre*! **Un affare** bedeutet ausschließlich ein Geschäft als kaufmännische Unternehmung. Eine *Affäre* ist auf Italienisch **una relazione (breve)**.

Dopo lunghe trattative, hanno concluso l'affare.
Nach langen Verhandlungen haben sie das Geschäft abgeschlossen.

Il capo ha una relazione con la sua segretaria. Un classico.
Der Chef hat eine Affäre mit seiner Sekretärin. Ein Klassiker.

Zoom su...

Eine Affäre haben kann man in der Alltagssprache auch mit **avere una storia** bezeichnen.

l'avvocato
Rechtsanwalt

Avvocato bedeutet *Rechtsanwalt* und nicht *Avocado*, das auf Italienisch genauso heißt: **avocado**.

Il figlio di Lucia è diventato avvocato.
Der Sohn von Lucia ist Rechtsanwalt geworden.

Buono a sapersi!

In Italien sind Titel sehr wichtig. Man begrüßt z. B. einen Rechtsanwalt mit **Buongiorno Avvocato!** und einen Ingenieur mit **Buongiorno Ingegnere!** Oft ist **dottore** zu hören, da in Italien alle, die studiert haben, **dottori** sind. Es wird mit dem Titel ein Zeichen vom Respekt ausgedrückt.

lo chef
Chefkoch

Wer als **chef** bezeichnet wird, arbeitet am Herd: Er ist *Chefkoch*. Ein *Chef* in einem anderen Bereich ist im Italienischen **un capo.**

Fare lo chef è un lavoro stressante quanto quello di un capo di una ditta.
Chefkoch zu sein ist genauso anstrengend wie Chef einer Firma zu sein.

il dirigente
Leiter (Wirtschaft)

Dirigente bedeutet *Leiter*. Man sagt im Wirtschaftsbereich auch **direttore generale** und oft wird auch das englische Wort **manager** verwendet. *Dirigent*, das **dirigente** ähnelt, ist auf Italienisch **un direttore d'orchestra**.

Ai piani alti ci sono gli uffici dei dirigenti aziendali.
Auf den höheren Etagen sind die Büros der Unternehmensleiter.

Daniel Barenboim è un direttore d'orchestra molto famoso.
Daniel Barenboim ist ein sehr berühmter Dirigent.

l'ente
Amt, Behörde

Ente heißt *Amt/Behörde* und hat selbstverständlich mit dem deutschen Wort *Ente* nichts zu tun, das man im Italienischen mit **anatra** übersetzt.

L'ENIT è l'Ente Nazionale Italiano per il Turismo.
ENIT ist die Italienische Nationalbehörde für den Tourismus.

Nel laghetto ci sono tante anatre.
Auf dem See gibt es viele Enten.

la firma
Unterschrift

Firma bedeutet auf Italienisch *Unterschrift*. Das deutsche Wort *Firma* lautet auf Italienisch **la ditta**.

Ecco il contratto, manca solo la tua firma!
Hier ist der Vertrag, es fehlt nur deine Unterschrift!

Elena ha studiato economia e ora lavora nella ditta di suo padre.
Elena hat Wirtschaft studiert und arbeitet jetzt in der Firma ihres Vaters.

la macchina
Auto, Maschine

Macchina bedeutet sowohl *Auto(mobil)* als auch *Maschine*. Oft kann man aber *Maschine* nicht mit **macchina** übersetzen: eine *Waschmaschine* ist z. B. eine **lavatrice**. Als *Maschine* wird auf Deutsch auch ein Flugzeug bezeichnet, was auf Italienisch immer **aereo** heißt.

La mia prima macchina era un maggiolone.
Mein erstes Auto war ein VW-Käfer.

La mia macchina da cucire non funziona più.
Meine Nähmaschine funktioniert nicht mehr.

la patente
Führerschein

Patente ähnelt dem deutschen Wort *Patent*. **Patente** bedeutet aber *Führerschein*. Zu *Patent* sagt man **brevetto**.

Giorgio ha la patente, ma non guida quasi mai.
Giorgio hat den Führerschein, aber fährt fast nie.

Zoom su...

Patent ist auf Deutsch auch ein Adjektiv. Im Italienischen sagt man **in gamba**, wenn man von Personen spricht.

È una persona in gamba! – *Er/Sie ist eine patente Person.*

lo stipendio
Gehalt

Stipendio ähnelt das deutsche Wort *Stipendium*, es bedeutet jedoch *Gehalt*. Es ist also im Bereich Arbeit und nicht für Studium und Universität als Wort wichtig. *Stipendium* lautet auf Italienisch **la borsa di studio**.

Qual è lo stipendio medio di un traduttore?
Wie hoch ist das durchschnittliche Gehalt eines Übersetzers?

Giorgio ha fatto domanda per una borsa di studio all'università di Napoli.
Giorgio hat sich um ein Stipendium an der Universität von Neapel beworben.

Zoom su...

Nettogehalt – **lo stipendio netto**
Bruttogehalt – **lo stipendio lordo**

Achtung! **Brutto** im Italienischen bedeutet *hässlich*!

lo statista
Staatsmann

Statista oder auch **(uomo/donna) politico/-a** wird auf Deutsch *Staatsmann*. *Statist/in* übersetzt man auf Italienisch mit **la comparsa**.

Cavour è stato un grande statista italiano.
Cavour war ein bedeutender italienischer Staatsmann.

Quanto ti pagano per fare la comparsa in questo film?
Wie viel bekommst du als Statist in diesem Film bezahlt?

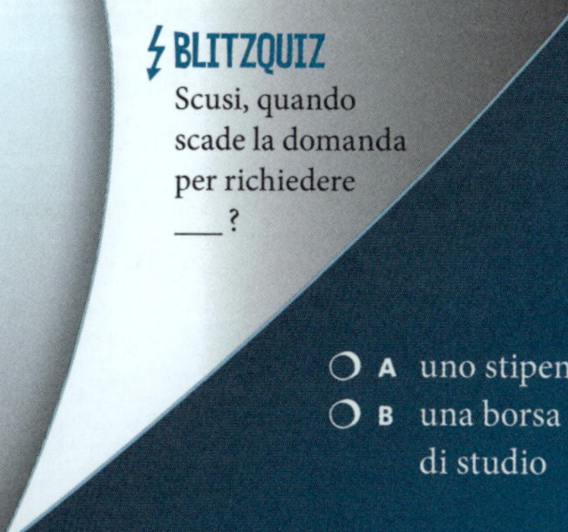

BLITZQUIZ

Scusi, quando scade la domanda per richiedere ___?

- A uno stipendio
- B una borsa di studio

Falsche Freunde: Urlaub, Natur und Wetter

il borgo
Dorf

Borgo ist keine *Burg*, sondern ein kleines charakteristisches *Dorf*. *Burg* ist **la roccaforte / il castello**.

In Italia ci sono tanti borghi splendidi.
In Italien sind viele wunderbare Dörfer.

Ore 10:00. Visita guidata alla roccaforte.
10:00 Uhr. Führung zur Burg.

caldo
warm

Caldo ist ja einer der bekanntesten Stolpersteine, ähnelt dem deutschen Wort *kalt*, bedeutet aber ausgerechnet das Gegenteil: *warm*! *Kalt* übersetzt man auf Italienisch mit **freddo**.

Il caffè, lo vuole macchiato caldo o freddo?
Möchten Sie den Espresso mit warmer oder kalter Milch haben?

la canna
Rohr, Joint

Canna bezeichnet die Pflanze *Rohr*. Auch viele Gegenstände mit einem zylindrischen Hohlkörper werden als **canna** bezeichnet: **canna dell'organo** *(Orgelpfeife)*, **canna da pesca** *(Angelrute)* und sogar – genau wegen seiner Form – ein *Joint*. Eine *Kanne* übersetzt man auf Italienisch mit **un bricco**.

Ho finito lo zucchero di canna.
Ich habe den Rohrzucker aufgebraucht.

coltivato
bebaut

Coltivato heißt *bebaut* und nicht *kultiviert*, das auf Italienisch mit **colto** wiedergegeben wird.

Guarda che belle campagne coltivate!
Schau was für schöne bebaute Felder!

È una persona colta che ha studiato molto.
Sie ist eine kultivierte Person, die viel studiert hat.

Lösung Blitzquiz
B

la compagnia
Gesellschaft (sozial, wirtschaftlich)

Compagnia heißt *Gesellschaft* und **essere in buona compagnia** bedeutet *in guter Gesellschaft sein*. **Compagnia** wird aber auch im wirtschaftlichen Bereich verwendet: z. B. **la compagnia aerea** ist eine *Fluggesellschaft*. Das deutsche Wort *Kompanie* heißt auch auf Italienisch **compagnia (militare)**.

È una bella compagnia. Ci incontriamo tutti i lunedì e suoniamo insieme.
Es ist eine schöne Gesellschaft. Wir treffen uns jeden Montag und spielen zusammen.

Con che compagnia voli?
Mit welcher Fluggesellschaft fliegst du?

l'erba
Gras

Erba bedeutet sowohl *Gras* als auch *Rasen*. Das deutsche Wort *Erbe* übersetzt man mit **l'eredità** *(das Erbe)* bzw. **l'erede** *(der Erbe / die Erbin)*.

"L'erba del vicino è sempre più verde" è un proverbio italiano.
„Das Gras des Nachbarn ist stets grüner" ist ein italienisches Sprichwort.
Das bedeutet, dass alles bei anderen schöner und besser ist.

L'eredità viene suddivisa tra gli eredi.
Das Erbe wird unter den Erben verteilt.

Zoom su...

Hier ein paar Ausdrücke mit **erba**.

tagliare l'erba – *den Rasen mähen*
le erbe aromatiche – *die Kräuter*
Achtung: **le spezie** – *die Gewürze*

la mappa
Landkarte

Mappa bedeutet *Landkarte*, oft wird auf Italienisch auch **carta**, **cartina** oder **pianta** verwendet. Das deutsche Wort *Mappe* (Ordner) heißt im Italienischen **la cartellina** oder **il raccoglitore**.

Ho scaricato un'app molto utile con mappe topografiche e sentieri per il trekking.
Ich habe eine sehr nützliche App mit topographischen Karten und Trekkingwegen heruntergeladen.

Sono il solito sbadato, ho dimenticato la cartellina in macchina.
Ich bin mal wieder zerstreut. Ich habe die Mappe im Auto vergessen.

il mondo
Welt

Il mondo ähnelt dem deutschen Wort *Mond*, bedeutet jedoch *Welt*. *Der Mond* übersetzt man im Italienischen mit **la luna**, das weiblich ist.

Notizie dall'Italia e dal mondo.
Nachrichten aus Italien und der ganzen Welt.

Il 20 luglio 1969 i primi uomini misero piede sulla luna.
Am 20. Juli 1969 betraten die ersten Menschen den Mond.

l'orto
Gemüsegarten

L'orto ist ein besonderer Ort. *Ort* ist aber nicht die Übersetzung des Wortes! **L'orto** ist ein *Gemüsegarten*. *Ort* heißt auf Italienisch **il luogo / il posto**.

A tavola! Oggi mangiamo i primi pomodori del mio orto!
Zu Tisch! Heute essen wir die ersten Tomaten aus meinem Gemüsegarten.

Che luoghi/posti hai già visitato nel mondo?
Welche Orte auf der Welt hast du schon besucht?

passare
verbringen, vergehen, vorbeikommen

Passare hat viele Bedeutungen: *verbringen, vergehen, vorbeikommen/-fahren, bestehen* oder auch (etwas) *reichen*. Das deutsche Wort *passieren/geschehen* wird durch **succedere** übersetzt.

Avrei voglia di passare qualche giorno al mare.
Ich hätte Lust, ein paar Tage am Meer zu verbringen.

Non è successo niente.
Es ist nichts passiert.

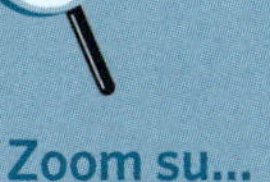

Zoom su...

In der Küche bedeutet **passare** *pürieren*: **Il passato di verdure** heißt *Gemüsecremesuppe*. Oft benutzt man auch **crema** oder **vellutata**, beide *Cremesuppe* – z. B. **crema/ vellutata di piselli** *(Erbsencreme).*

spendere
ausgeben

Spendere ähnelt dem deutschen Wort *spendieren*, bedeutet aber etwas ganz anders: *Geld ausgeben. Spendieren* auf Italienisch ist **offrire**.

Le piace fare shopping e spende sempre tanto.
Sie geht gern shoppen und gibt immer viel Geld aus.

La maestra ha offerto un gelato a tutta la classe.
Die Lehrerin hat der ganzen Klasse ein Eis spendiert.

il tempo
Wetter, Zeit

Tempo bedeutet sowohl *Wetter* als auch *Zeit. Tempo* auf Deutsch im Sinne von *Geschwindigkeit* lautet auf Italienisch **velocità**.

Il tempo è denaro! È veramente così?
Zeit ist Geld! Ist das wirklich so?

Che tempo farà domani?
Wie wird das Wetter morgen sein?

A che velocità devo correre?
Welches Tempo soll ich beim Laufen halten?

Falsche Freunde: Kunst und Kultur

l'arte
Kunst

Arte ähnelt dem deutschen Wort *Art*, hat aber eine ganz andere Bedeutung. **Arte** bedeutet *Kunst*. Die Übersetzung von *Art* lautet **il modo**.

"Impara l'arte e mettila da parte" è un proverbio italiano.
„Gelernt ist gelernt" (wörtl.: Erlernen Sie die Kunst und legen Sie sie beiseite) ist ein italienisches Sprichwort.

Qual è il modo più semplice per imparare una lingua?
Welche ist die einfachste Art, eine Sprache zu lernen?

l'artista
Künstler

Un artista ist ein *Künstler* im Allgemeinen. Selbstverständlich ist ein *Artist* auch ein Künstler, jedoch wird er auf Italienisch **un artista di circo** genannt.

Passione, esercizio, creatività e tecnica fanno di lui un vero artista.
Leidenschaft, Übung, Kreativität und Technik machen aus ihm ein echter Künstler.

il bis
Zugabe

Il bis ist eine *Zugabe* und **Bis! Bis!** rufen die Zuschauer am Ende eines Konzertes oder einer Vorstellung. Die deutsche Präposition *bis* bedeutet im Italienischen **fino a...**

Il concerto è stato fantastico. Il gruppo ha fatto il bis.
Das Konzert war fantastisch. Die Band hat eine Zugabe gespielt.

comico
witzig

Das Adjektiv **comico** heißt *witzig* und nicht *komisch* im Sinn von *eigenartig*, das im Italienischen mit **strano** übersetzt wird. Das Substantiv **il comico** ist jedoch ein *Komiker*.

Che scena comica, siamo scoppiati tutti a ridere.
Was für eine witzige Situation, wir haben alle laut losgelacht.

Il mio vicino di casa è un tipo strano.
Mein Nachbar ist ein komischer Typ.

il lettore
Leser

Un lettore ist jemand, der liest, also ein *Leser*. *Lektor* ist auf Italienisch **un lettore universitario**.

È un appassionato lettore di gialli.
Er ist ein leidenschaftlicher Krimi-Leser.

Paolo fa il lettore, lavora all'università a Roma.
Paolo ist Lektor, er arbeitet an der Universität in Rom.

la notizia
Nachricht

Nachricht heißt auf Italienisch **notizia**. *Notiz*, das **notizia** ähnelt, heißt auf Italienisch **appunto**.

Hai letto le ultime notizie sull'attuale situazione politica?
Hast du die letzten Nachrichten über die aktuelle politische Situation gelesen?

All'università si prendono appunti.
An der Uni macht man sich Notizen.

Buono a sapersi!

Fernsehen- bzw. *Radionachrichten* heißen auf Italienisch **telegiornale** und **radiogiornale**: Man verwendet nicht das Wort **notizia**, sondern **giornale** *(Zeitung)*.

l'opera
Werk, Oper

Opera heißt auf Deutsch *Oper*. Doch das italienische Wort ist auch im Alltag oft zu hören und bedeutet auch *Werk*.

La Tosca è una delle opere più famose di Puccini.
Tosca ist eine der berühmtesten Opern von Puccini.

2019: scoperta in Francia un'opera del pittore Cimabue.
2019: Entdeckung eines neuen Werks des Malers Cimabue in Frankreich.

Zoom su...

Am Werk sein wird auf Italienisch mit **essere all'opera** übersetzt.

Lass uns loslegen! heißt auf Italienisch **mettiamoci all'opera**!

QUIZ

Falsche Freunde

1. Luigi è ____ 1 metro e 80. ❍ A alto ❍ B grande
2. Brr! Che ____! Guarda come nevica! ❍ A caldo ❍ B freddo
3. Che ____ elegante! Ti sta molto bene! ❍ A sacco ❍ B giacca
4. Che ____ hai preso nel compito di matematica? ❍ A voto ❍ B nota
5. Oggi è il mio compleanno. ____ io! ❍ A Offro ❍ B Spendo
6. Domani lavorerò in giardino e taglierò ____! ❍ A l'erba ❍ B le erbe

	A	B
7. È un formidabile ____ d'orchestra.	❍ A dirigente	❍ B direttore
8. Ma a che ____ stai andando!? Rallenta!	❍ A tempo	❍ B velocità
9. Andiamo a mangiare in ____ .	❍ A cantina	❍ B mensa
10. Marco è proprio una persona ____ !	❍ A in gamba	❍ B patente
11. Chi è il dirigente di questa ____ ?	❍ A firma	❍ B ditta
12. In questo ristorante lavora ____ famoso!	❍ A un capo	❍ B uno chef
13. Silvia ha ____ !	❍ A delle belle arti	❍ B dei bei modi
14. A che ora guardi ____ alla TV?	❍ A le notizie	❍ B il telegiornale
15. Non cambiare ____ !	❍ A argomento	❍ B tema
16. Hai tu ____ del treno?	❍ A le carte	❍ B i biglietti
17. Purtroppo Marisa non ha superato il ____ .	❍ A fallimento	❍ B concorso
18. A che ora hai ____ dal dentista?	❍ A termine	❍ B appuntamento

Lösungen

1. A, 2. B, 3. B, 4. A, 5. A, 6. A, 7. B, 8. B, 9. B, 10. A, 11. B, 12. B, 13. B, 14. B, 15. A, 16. B, 17. B, 18. B

WORTSCHATZ UND WORTBILDUNG

Häufig verwechselte Wörter

l'amico ≠ il ragazzo
Freund

- Ciao Carla, ti presento il mio amico Giorgio. Io e Giorgio ci conosciamo dalle elementari.
+ Piacere! Lui è Marco, il mio ragazzo.

- Hallo Carla, ich stelle dir Giorgio vor, ein Freund von mir. Giorgio und ich kennen uns seit der Grundschule.

+ Angenehm! Er ist Marco, mein (fester) Freund.

Jeder hat **un amico** *(Freund)* oder **un'amica** *(Freundin)*, eher viele sogar! Es kann dann sein, dass einer bzw. eine davon nicht mehr einfach als **amico/amica** bezeichnet wird, sondern als **il mio ragazzo / la mia ragazza**, dann ist es sicher: Die Liebe spielt eine Rolle und *der Freund / die Freundin* ist *der/die feste Freund/in* geworden!

Sind die Betroffenen nicht mehr so jung, jedoch nicht verheiratet, spricht man von **compagno/compagna** *(Partner/in)*.

Zoom su...

Hier ein italienisches Sprichwort zum Thema **amicizia** *(Freundschaft)*:

Chi trova un amico, trova un tesoro. – *Ein guter Freund ist Gold wert. (wörtl.: Wer einen Freund findet, findet einen Schatz.)*

la sensazione ≠ il sentimento
Gefühl

Sensazione wird durch *Empfindung* und *Gefühl* übersetzt. Es kann auch anstatt **impressione** die Bedeutung von *Eindruck* haben, wenn es um visuelles Empfinden geht. *Gefühl* ist im Italienischen auch **sentimento**, wenn es um seelisches Empfinden geht.

Ho la sensazione / l'impressione che Stefano non stia bene.
Ich habe das Gefühl / den Eindruck, dass es Stefano nicht gut geht.

Che sentimenti provi per lei?
Welche Gefühle empfindest du für sie?

accogliente ≠ comodo
gemütlich

Accogliente entspricht u. a. dem deutschen Wort *gemütlich* im Sinne von *behaglich*. **Comodo**, das *bequem* heißt, kann auch durch *gemütlich* übersetzt werden, wenn es in Verbindung mit einer positiven Stimmung gebraucht wird.

In questa casa c'è un'atmosfera accogliente.
In diesem Haus herrscht eine gemütliche Stimmung.

Questo divano con così tanti cuscini è davvero comodo.
Dieses Sofa mit so vielen Kissen ist wirklich gemütlich.

Questa sedia è moderna, semplice e molto comoda.
Dieser Stuhl ist modern, schlicht und sehr bequem.

Zoom su...

Praktisch wird auf Italienisch mit **pratico**, aber auch mit **comodo** übersetzt.

Per evitare il traffico spesso è comodo usare la bici. – *Um den Autoverkehr zu vermeiden, ist es oft praktisch, mit dem Fahrrad zu fahren.*

alto ≠ grande
groß

Man verwendet **alto**, wenn man von der Größe bzw. Höhe einer Person, eines Gebäudes oder eines Berges spricht. **Grande** benutzt man, um die Dimension von etwas anzugeben, z. B. die Größe einer Wohnung oder die Größe einer Gruppe.

Mamma mia! Ma quanto è alto Luca?!
Meine Güte! Wie groß ist denn Luca?!

Luca canta in un grandissimo coro.
Luca singt in einem sehr großen Chor.

basso ≠ piccolo
klein

Basso, das Gegenteil von **alto**, drückt die Größe bzw. die Höhe einer Person oder einer Sache aus. **Piccolo**, das Gegenteil von **grande**, benutzt man eher, um das Ausmaß von etwas zu beschreiben, z. B. einer Wohnung, eines Gegenstandes oder auch einer Gruppe von Leuten.

Questi pantaloni sono troppo larghi. Vorrei provare la taglia più piccola e un modello con la vita bassa.
Die Hose ist zu weit. Ich würde gerne eine kleinere Größe anprobieren und ein Modell mit niedriger Taille.

Zoom su...

Niedrige/hohe Preise wird auf Italienisch mit **prezzi bassi/alti** übersetzt.

pesante ≠ difficile
schwer

Schwer kann auf Italienisch durch **pesante** und **difficile** übersetzt werden. **Pesante** heißt *schwer* im Sinne von *gewichtig, schwerfällig, hart*, **difficile** im Sinne von *schwierig*.

Fa un lavoro pesante e torna sempre stanco morto.
Er hat eine schwere Arbeit und kommt immer todmüde zurück.

La matematica è difficile. Non mi piace.
Mathematik ist schwer/schwierig. Ich mag sie nicht.

Zoom su…

Wenn eine Person langweilig ist, und sie immer wieder dasselbe wiederholt oder irgendwie wie ein Besserwisser wirkt, benutzt man das Adjektiv **pesante: Giacomo è pesante.** – *Giacomo ist schwer (zu ertragen).*

affittare ≠ noleggiare
(ver)mieten

Möchte man in den Urlaub fahren, muss man oft eine Wohnung, ein Auto oder Fahrräder, Ski, Schlittschuhe usw. mieten. Auf Italienisch ist das Verb **affittare** (auch **prendere in affitto**) für Gebäude, **noleggiare** dagegen für den Rest!

Abbiamo noleggiato una macchina e affittato / preso in affitto un appartamento in Sardegna.
Wir haben ein Auto und eine Wohnung auf Sardinien gemietet.

Affittare und **noleggiare** bedeuten auch *vermieten*, wenn man von der Sicht des Besitzers das Ganze betrachtet. In diesem Fall sagt man auch **dare a noleggio** bzw. **in affitto.**

Zoom su…

Prestare qualcosa a qualcuno bedeutet *jemandem etwas ausleihen*. **Prendere** bzw. **dare qualcosa in prestito** bedeuten *etwas ausleihen*.

Le presto una matita. – *Ich leihe ihr einen Bleistift aus.*

Prendi spesso libri in prestito in biblioteca? – *Leihst du oft Bücher aus der Bibliothek aus?*

giocare ≠ suonare
spielen

Das deutsche Verb *spielen* hat auf Italienisch zwei mögliche Übersetzungen, **suonare**, wenn man ein Instrument spielt, und **giocare**, wenn man ein Spiel spielt bzw. einer Sportart nachgeht.

Che strumento ti piacerebbe suonare?
Welches Instrument würdest du gerne spielen?

Del Piero giocava con la Juventus.
Del Piero spielte bei Juventus Turin.

mettersi ≠ vestirsi
anziehen ≠ sich anziehen

Zieht man sich komplett an, also z. B. nach der Dusche, sagt man auf Italienisch **vestirsi**. Für einzelne Kleidungsstücke, die man anzieht, verwendet man **mettersi**.

Oggi Chiara si è messa il cappotto nuovo.
Heute hat Chiara den neuen Mantel angezogen.

La mattina mi lavo, mi vesto e faccio colazione.
Morgens wasche ich mich, ziehe mich an und frühstücke.

piacere ≠ piacersi
gefallen, mögen, schmecken ≠ sich (selbst) mögen

Piacere ist ein sehr gebräuchliches Verb. Auf Deutsch wird es durch *gefallen*, *mögen* und *schmecken* wiedergegeben. Als reflexives Verb, **piacersi**, übersetzt man es durch **sich (selbst) mögen**.

Mi piace la cucina italiana e mi piace tantissimo questa pizza.
Ich mag die italienische Küche und mir schmeckt diese Pizza sehr.

È un narcisista. Si piace molto.
Er ist ein Narzisst. Er mag sich selbst sehr.

Attenzione!

Piacere im Sinne von *mögen/gefallen/schmecken* wird meistens in der 3. Person Singular und Plural verwendet, abhängig ob ein Substantiv im Singular oder im Plural folgt.

Mi piace lo sport. – *Ich mag Sport.*
Mi piacciono tutti gli sport. – *Ich mag alle Sportarten.*

sapere ≠ potere *können*

Potere und **sapere** bedeuten beide *können*. **Potere** wird verwendet, wenn es sich dabei um eine Möglichkeit oder eine Gelegenheit handelt, während sich **sapere** auf eine Fähigkeit bezieht.

Mi dispiace ma oggi non posso cantare, ho mal di gola. Chi di voi sa cantare?
Es tut mir leid, aber heute kann ich nicht singen, ich habe Halsschmerzen. Wer von euch kann singen?

Zoom su...

Sapere heißt auf Italienisch auch *wissen*, bedeutet aber auch *erfahren* und **sapere di** ist *schmecken/riechen nach*.

Non lo so. – *Ich weiß es nicht.*
L'ho saputo ieri. – *Ich habe es gestern erfahren.*
Non sa di niente. – *Es schmeckt nach nichts.*

Für weitere Hinweise s. Kapitel *Grammatik: Die 14 wichtigsten unregelmäßigen Verben* und *Grammatik: Passato prossimo und Imperfetto: sapere – conoscere.*

___ cinque lingue, tra cui l'italiano.

- A Sa
- B Può

sentire ≠ ascoltare
hören ≠ zuhören

Sentire bezieht sich auf eher zufälliges, ungeplantes Hören, während **ascoltare** eine bewusste, meist gewollte Tätigkeit ausdrückt. Während man also **sentire** mit *hören* übersetzt, ist die deutsche Entsprechung für **ascoltare** *zuhören.*

Ho sentito un rumore. Che cos'era?
Ich habe ein Geräusch gehört. Was war das?

Concentrati! Ascolta bene quello che ti spiego!
Konzentriere dich! Hör mal gut zu, was ich dir erkläre!

Zoom su...

Sentire heißt auch *fühlen*, *spüren* und *riechen.*

Sento il cuore battere forte. – *Ich fühle mein Herz stark schlagen.*
Sento un buon profumo. – *Es riecht gut!*
Che freddo! Non sento più le dita. – *Wie kalt! Ich spüre meine Finger nicht mehr.*

Sentirsi lautet *sich fühlen*: **Come ti senti?** – *Wie fühlst du dich?*

vedere ≠ guardare
sehen ≠ schauen

Wie bei **sentire** und **ascoltare** bezieht sich auch **vedere** auf eher zufälliges, ungeplantes Sehen, während **guardare** eine bewusste, meist gewollte Tätigkeit ausdrückt. **Vedere** wird daher mit *sehen* übersetzt, **guardare** mit *ansehen/schauen.*

Hai visto che bel cappotto?
Hast du den schönen Mantel gesehen?

Oh guarda! C'è una macchia d'inchiostro sui pantaloni!
Schau mal! Da ist ein Tintenfleck auf der Hose.

Lösung Blitzquiz
A

visitare ≠ andare/venire a trovare ≠ frequentare
besichtigen ≠ besuchen

Visitare entspricht nur selten dem deutschen Verb *besuchen*, so z. B. im Zusammenhang mit dem Besuch in einem Krankenhaus. Ansonsten bedeutet **visitare** eher *besichtigen* (Städte, Museen, Sehenswürdigkeiten) oder *untersuchen* (bei einem Arztbesuch).

Siamo a Parigi e visitiamo la città.
Wir sind in Paris und besichtigen die Stadt.

Il medico sta visitando il paziente.
Der Arzt untersucht gerade den Patienten.

Besuchen entspricht **fare visita** oder **andare a trovare** bzw. **venire a trovare** – je nachdem, ob man jemanden besucht, oder ob man Besuch bei sich empfängt.

Penso che Fabio vada a trovare sua zia.
Ich denke, dass Fabio seine Tante besuchen wird.

Ciao Marina, quando mi vieni a trovare?
Hallo Marina, wann kommst du mich besuchen?

Besuchen wird auf Deutsch auch für Schule, Kurse und Veranstaltungen benutzt. Auf Italienisch sagt man in diesem Fall **frequentare**.

Che corso frequenti?
Welchen Kurs besuchst du?

avere bisogno di ≠ servire
brauchen

Avere bisogno di (+ Substantiv/Infinitiv) bedeutet *brauchen*. **Avere** wird nach dem Subjekt konjugiert, auf das es sich bezieht. **Servire** heißt auch *brauchen*, im Sinne etwas dient dazu, etwas zu erreichen. **Servire** wird nur in der 3. Person Singular bzw. Plural verwendet, abhängig davon, ob das folgende Substantiv Singular oder Plural ist. **Servire** verlangt immer ein indirektes Pronomen: Man sagt **qualcosa serve a qualcuno**.

Hai bisogno di una bella vacanza.
Du brauchst einen echten Urlaub.

A cosa ti serve una valigia così grande?
Wozu brauchst du einen so großen Koffer?

Zoom su...

Mit dem Wort **bisogno** *(Bedarf/Notwendigkeit)* hört man auch den Ausdruck **non c'è bisogno di/che…** *(man braucht nicht zu / es ist nicht notwendig, dass)*.

Non c'è bisogno di urlare. – *Man braucht nicht zu schreien.*

Non c'è bisogno che tu venga. – *Es ist nicht notwendig, dass du kommst.*

Zoom su...

Servire bedeutet auch *(be)dienen*, **servirsi** *sich bedienen*.

Il cameriere serve i clienti. – *Der Kellner bedient die Kunden.*

Prego, serviti pure! – *Bitte, bediene dich doch ruhig!*

volerci ≠ metterci (+ *Zeitangabe*)
brauchen

Volerci und **metterci** heißen *brauchen*, wenn sie mit einer Zeitangabe stehen. **Volerci** zeigt im Allgemeinen die Zeit, die man braucht, um etwas zu tun. **Metterci** hingegen betont, wie viel Zeit eine Person braucht, um etwas zu tun.

In macchina ci vuole un quarto d'ora, ma in tram ci vogliono solo dieci minuti.
Mit dem Auto braucht man eine Viertelstunde, aber mit der Straßenbahn braucht man nur zehn Minuten.

E tu invece a piedi quanto (tempo) ci metti?
Und wie lange brauchst du zu Fuß?

Zoom su...

Volerci wird in der 3. Person Singular und Plural verwendet – abhängig vom Substantiv, das folgt – und durch *man braucht* übersetzt.

Metterci wird durchkonjugiert: **io ci metto** *(ich brauche)*, **tu ci metti** *(du brauchst)* usw.

Zoom su...

Metterci bedeutet auch im Bereich Kochen *hinzufügen/ verwenden / dazu tun.*

Per preparare il tiramisù ci metti anche l'albume? – *Verwendest du auch Eiweiß bei der Zubereitung des Tiramisu?*

Quanto tempo ___ Camilla per andare in ufficio in bici?

❍ **A** ci vuole
❍ **B** ci mette

mentre ≠ durante
während

Wann braucht man **mentre**, wann **durante**? Ganz einfach: Nach **mentre** folgt ein Verb bzw. **mentre** bezieht sich auf ein Verb, nach **durante** folgt ein Substantiv.

Mentre nuotavo, ho visto una medusa.
Während ich schwamm, habe ich eine Qualle gesehen.

Durante le vacanze estive abbiamo letto molto.
Während des Sommerurlaubs haben wir viel gelesen.

quando ≠ se
wenn

Bei **quando** handelt es sich um eine temporale (zeitliche) Konjunktion mit der Bedeutung von *(immer) wenn*. **Se** hingegen ist eine konditionale Konjunktion und bedeutet *wenn* im Sinne von *falls*, zeigt also eine Bedingung.

Quando finisci i compiti, andiamo al cinema.
Wenn du mit den Hausaufgaben fertig bist, gehen wir ins Kino.
Es ist klar, dass die Person mit den Hausaufgaben fertig wird, und dass man danach ins Kino geht.

Se finisci i compiti, andiamo al cinema.
Wenn/Falls du mit den Hausaufgaben fertig wirst, gehen wir ins Kino.
Es ist nicht sicher, dass die Person mit den Hausaufgaben fertig wird, daher ist es auch unsicher, ob sie ins Kino gehen: Man geht ins Kino nur unter der Bedingung, dass die Hausaufgaben gemacht werden.

Für weitere Hinweise s. Kapitel *Grammatik: Nebensätze: der Bedingungssatz (se-Satz).*

Zoom su...

Se hat auch eine weitere Bedeutung: Es heißt *ob*.

Non so se ho tempo di andare al cinema. – *Ich weiß nicht, ob ich Zeit habe, ins Kino zu gehen.*

Lösung Blitzquiz
B

siccome ≠ perché
da/weil

Siccome und **perché** benutzt man, wenn man etwas begründet. Beide Konjunktionen bedeuten *da* oder *weil*. Ein Nebensatz mit **siccome** steht vor dem Hauptsatz, ein Nebensatz mit **perché** hingegen folgt dem Hauptsatz.

Siccome sono stanca, stasera vado a letto presto.
Da ich müde bin, gehe ich heute Abend früh ins Bett.

Domani mi alzo presto perché devo prendere il treno delle 7:30.
Morgen stehe ich früh auf, weil ich den Zug um 7:30 Uhr nehmen muss.

da ≠ fra ≠ fa
seit, ab ≠ in ≠ vor

Da hat viele Bedeutungen, zeitlich gemeint bedeutet es *seit* oder auch *ab*.

Ti aspetto da un'ora. Cos'è successo?
Ich warte seit einer Stunde auf dich. Was ist passiert?

Da domani andrò a correre tutti i giorni al parco.
Ab morgen werde ich jeden Tag im Park laufen gehen.

Fra/Tra hat zeitlich gemeint die Bedeutung *in*.

Sbrigati! Fra/Tra ~~in~~ dieci minuti parte il treno.
Beeile dich! In zehn Minuten fährt der Zug ab.

Fa hat zeitlich betrachtet die Bedeutung von *vor*. **Fa** steht immer nach der Zeitangabe!

Ha comprato questa macchina un mese fa.
Er/Sie hat dieses Auto vor einem Monat gekauft.

Zoom su...

In Kürze heißt auf Italienisch einfach **tra/fra poco.**

Vor kurzem heißt **poco fa.**

fino a ≠ entro
bis

Fino a bedeutet *bis* und gilt sowohl zeitlich als auch örtlich. **Entro** bedeutet auch *bis* im Sinne von *innerhalb*.

Ti abbiamo aspettato fino alle quattro.
Wir haben bis vier Uhr auf dich gewartet.

Siamo andati in bicicletta fino a Bologna.
Wir sind mit dem Fahrrad bis Bologna gefahren.

Devi essere all'aeroporto entro le quattro.
Du musst am Flughafen bis (innerhalb) vier Uhr sein.

alla fine ≠ finalmente
endlich

Alla fine heißt *endlich* im Sinne von *schließlich / am Ende*. Den Ausdruck benutzt man, um ein letztes Ereignis einer Kette von Ereignissen anzukündigen. **Finalmente** bedeutet *endlich*, um das Ende einer langen Wartezeit auszudrücken.

Ha lavorato, è andato da Luca, poi alla festa e alla fine è tornato a casa.
Er hat gearbeitet, ist zu Luca gegangen, danach zur Party und am Ende ist er nach Hause zurückgekehrt.

Dopo la festa finalmente siamo tornati a casa.
Nach der Party sind wir endlich nach Hause zurückgefahren.

1. Siamo insieme da due anni. Lei è la mia ____ .	❍ A ragazza	❍ B amica
2. Dove hai ____ la macchina?	❍ A affittato	❍ B noleggiato
3. Che strumento ____ ?	❍ A giochi	❍ B suoni
4. Ti va di ____ a carte?	❍ A giocare	❍ B suonare
5. Sono stato operato e non ____ correre.	❍ A posso	❍ B so
6. ____ vengo, te lo faccio sapere prima.	❍ A Se	❍ B Quando
7. ____ quanto tempo aspetti?	❍ A Da	❍ B Fa
8. Vado a letto ____ sono stanca.	❍ A perché	❍ B siccome
9. ____ il frigo è vuoto, usciamo a cena.	❍ A Perché	❍ B Siccome
10. Quante ore ____ per arrivare al mare?	❍ A ci vogliono	❍ B ci vuole
11. È un ____ palazzo, occupa un intero isolato.	❍ A altissimo	❍ B grandissimo
12. Le sedie in ufficio sono ____ .	❍ A accoglienti	❍ B comode
13. Ho ____ che ci stia ascoltando.	❍ A la sensazione	❍ B il sentimento
14. È un po' sorda. Non ____ bene.	❍ A sente	❍ B ascolta

Lösungen

1. A, 2. B, 3. B, 4. A, 5. A, 6. A, 7. A, 8. A, 9. B, 10. A, 11. B, 12. B, 13. A, 14. A

WORTSCHATZ UND WORTBILDUNG

Besondere Substantive: zwei Formen, zwei Bedeutungen

l'arco – l'arca
der Bogen – die Arche

Manche Substantive im Singular haben zwei verschiedene Bedeutungen je nachdem, ob das Wort männlich oder weiblich ist. **L'arco** heißt *der Bogen* sowohl als Waffe als auch in verschiedenen Bereichen: Mathematik, Musik, Architektur usw. **L'Arco di Trionfo** *(Triumphbogen)* findet man in vielen Städten: **l'Arco della Pace** *(Friedensbogen)* in Mailand, **l'Arco di Costantino** *(Kostantinsbogen)* in Rom, **l'Arco d'Augusto** *(Augustusbogen)* in Aosta usw.

L'arca heißt *die Arche* und die bekannteste ist **l'arca di Noè** *(Arche Noah).*

Finalmente stasera inizia il corso di tiro con l'arco.
Heute Abend fängt endlich der Bogenschießkurs an.

Sull'arca di Noè c'erano tutte le specie animali.
In der Arche Noah gab es alle Tierarten.

Zoom su...

Arcobaleno *(Regenbogen)* besteht wie im Deutschen auch aus zwei Wörtern – eins davon **arco**. Das zweite Wort bewirkt allerdings – im Vergleich zum Deutschen mit *Regen* **(la pioggia)** – ein anderes Bild, da **il baleno** *der Blitz* und **il baleno (di luce)** *der Lichtstrahl* ist.

Und apropos **baleno: arrivare in un baleno** heißt *blitzschnell ankommen.*

il ballo – la balla
der Tanz – die Lüge

Il ballo heißt *der Tanz* und kommt von **ballare** *(tanzen). Lüge*, **la bugia**, lautet in der Umgangssprache **la balla**.

Il ballo swing è nato negli anni '20.
Der Swing-Tanz ist in den zwanziger Jahren entstanden.

Ma quante balle/bugie ci racconti?
Aber wie viele Lügen erzählst du uns?

il banco – la banca
die (Schul-)Bank – die Bank

Il banco ist eine Bank, die aus einer schlichten Holzplatte besteht. Im Parlament heißt es **banco dei deputati/senatori** *(die Abgeordneten-/Senatorenbank)*, bei Gericht **banco della giuria** *(die Geschworenenbank)* und in der Schule **banco di scuola** *(die Schulbank)*. Früher gab es auch eine solche Holzplatte für die Bankiers, daher **la banca**, *die Bank*, die nun das Kreditinstitut im Allgemeinen bezeichnet.

La scuola ha comprato nuovi banchi.
Die Schule hat neue Schulbänke gekauft.

La banca è aperta dal lunedì al venerdì.
Die Bank hat von Montag bis Freitag geöffnet.

Buono a sapersi!

Mit **banco** bezeichnet man auch die *Theke*. In einem Café kann man etwas **al tavolo** *(am Tisch)* oder **al banco** *(an der Theke)* verzehren. Passen Sie aber auf! Am Tisch bezahlen Sie etwas mehr als an der Theke. Sie werden in diesem Fall bedient – doch in manchen Cafés kann man sich selbst bedienen und ohne Zuschlag Platz nehmen.

Machen Sie nach dem Kaffee einen Spaziergang, können Sie sich dann auf eine Sitzbank setzen. Es ist weder **un banco** noch **una banca**, sondern **una panchina**!

il bilancio – la bilancia
die Bilanz – die Waage

Il bilancio heißt *die Bilanz* und wird im Politik- und Wirtschaftsbereich verwendet. **La bilancia**, *die Waage*, gibt es hingegen im Bereich Küche und Gesundheit.

Questa ditta ha chiuso l'anno con un bilancio in positivo.
Diese Firma hat das Jahr mit einer positiven Bilanz abgeschlossen.

Prendi la bilancia e pesa 200 grammi di farina.
Nimm die Waage und wiege 200 Gramm Mehl ab.

il bollo – la bolla
der Stempel – die Blase

Il bollo ist *der Stempel* bzw. *das Siegel* und ist im Ausdruck **la marca da bollo** *(die Steuermarke)* zu finden. Etwas ganz anderes ist **la bolla**, die normalerweise mit *die Blase* übersetzt wird. In der Wirtschaftssprache bedeutet jedoch **la bolla (di accompagnamento)** *der Lieferschein*.

In Italia il bollo per i documenti si compra in tabaccheria o in edicola.
In Italien kauft man die Steuermarke für Akten im Tabakladen oder am Kiosk.

Le bolle di sapone hanno qualcosa di magico.
Seifenblasen haben etwas Magisches.

La bolla di accompagnamento è nel pacco.
Der Lieferschein liegt im Paket.

Buono a sapersi!

La marca da bollo ähnelt einer Briefmarke und hat verschiedene Werte in Euro. Diese Steuermarke gilt als Beglaubigung für offizielle Dokumente wie z. B. Erklärungen, Kaufverträge, Urkunden usw.

Man kann eine **marca da bollo** in Tabakläden kaufen, es gibt jedoch auch die Möglichkeit, eine digitale **marca da bollo** zu erwerben.

il busto – la busta
die Büste, der Oberkörper – der Briefumschlag

Il busto heißt *der Oberkörper* und *die Büste* und diese findet man oft in Museen oder in Stadtparks. **La busta** ist *der Briefumschlag* und damit hat man öfter zu tun!

Al Museo Teatrale alla Scala di Milano c'è il busto del compositore Giuseppe Verdi.
Im Museum der Mailänder Scala befindet sich die Büste des Komponisten Giuseppe Verdi.

Nel cassetto della scrivania ci sono delle buste.
In der Schublade des Schreibtisches sind einige Briefumschläge.

il capitale – la capitale
das Kapital – die Hauptstadt

Il capitale ist *das Kapital* bzw. *das Vermögen* und ist nicht mit **la capitale**, *die Hauptstadt*, zu verwechseln.

Ha una collezione di quadri che vale un capitale.
Er hat eine Bildersammlung, die ein Vermögen wert ist.

Roma è la capitale d'Italia.
Rom ist die Hauptstadt Italiens.

Buono a sapersi!

Wussten Sie schon, dass **Roma** nicht immer die Hauptstadt Italiens war? Rom ist seit 1871 **capitale**. Die erste Hauptstadt war **Torino** (1861 – 1865). Nach Turin wurde **Firenze** (1865 – 1871) als Hauptstadt gewählt, bevor Rom ihre Rolle übernahm.

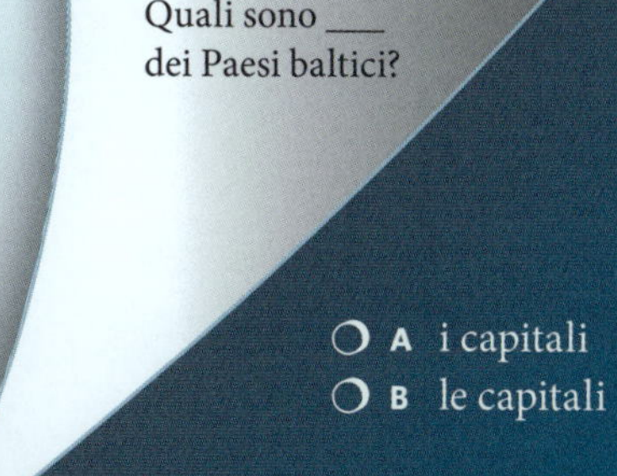

BLITZQUIZ

Quali sono ___ dei Paesi baltici?

- ❍ A i capitali
- ❍ B le capitali

il cappello – la cappella
der Hut – die Kapelle

Il cappello *(der Hut)* – mit zwei **p** geschrieben – setzt man auf den Kopf und er hat weder mit **il capello** *(das Haar)* – mit einem **p** geschrieben – noch mit **la cappella**, *die Kapelle*, außer einer ähnlichen Schreibweise zu tun.

Ho dimenticato il cappello sul treno.
Ich habe den Hut im Zug vergessen.

Quando si può visitare la cappella?
Wann kann man die Kapelle besichtigen?

Buono a sapersi!

Man sagt **cantare a cappella** *(a cappella singen)*, denn ursprünglich sang der Chor in einer Seitenkapelle einer Kirche.

il caramello – la caramella
der Karamell – das Bonbon

Il caramello und **la caramella** sind beide Süßigkeiten, aber **il caramello** bezeichnet *den Karamell*, während **la caramella** durch *das Bonbon* übersetzt wird.

Il caramello si appiccica spesso ai denti.
Karamell bleibt oft an den Zähnen kleben.

Hai una caramella? – Ne ho una alla menta.
Hast du ein Bonbon? – Ich habe eins mit Pfefferminzgeschmack.

Buono a sapersi!

Non accettare le caramelle dagli sconosciuti! – *Nimm keine Süßigkeiten von Fremden an!*

Wie oft haben Sie diesen Satz gehört? In Italien werden alle Kinder diesen Ratschlag wenigsten einmal gehört haben, damit sie vorsichtig sind, wenn ihnen eine unbekannte Person etwas schenkt.

Lösung Blitzquiz
B

il casello – la casella
die Mautstelle – das Kästchen, das Fach

Il casello ist *die Mautstelle*, **la casella** bedeutet dagegen *das Fach* (z. B. **la casella postale** *das Postfach*), *das Feld* (eines Spielbrettes), *das Kästchen* (auf einem Blatt, in einem Formular, zum Ausfüllen).

Stiamo arrivando al casello (autostradale).
Wir fahren auf die Autobahnmautstelle zu.

Mettete una crocetta nella casella corrispondente.
Kreuzen Sie das entsprechende Kästchen an.

Inviami i documenti al numero della mia casella postale.
Schick mir die Unterlagen an meine Postfachnummer.

Buono a sapersi!

Al casello autostradale *(an der Autobahnmautstelle)* bezahlt man in Italien **il pedaggio** *(die Maut)*. Die Gebühr richtet sich nach der gerade gefahrenen Strecke.

Um Staus zu vermeiden, gibt es Sonderspuren für diejenigen, die den ***TELEPASS***® besitzen. Das ist ein elektronisches Zahlungssystem, bei dem Autobahngebühren direkt vom Konto abgebucht werden. Man kauft ihn u. a. online, bei der Bank oder bei der Post.

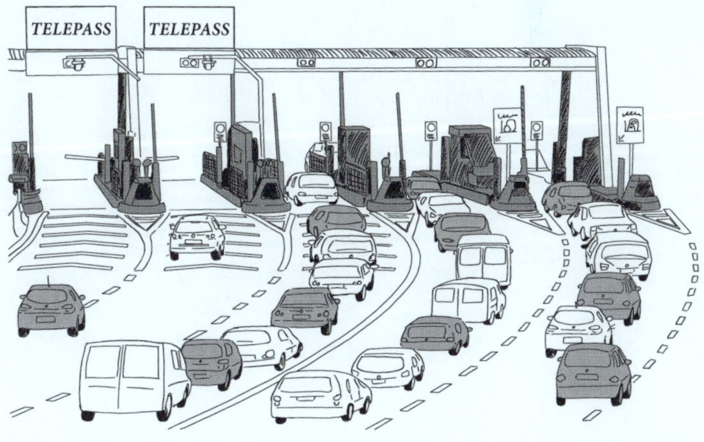

il cavo – la cava
das Kabel – der Steinbruch

Il cavo bezeichnet *das Kabel*, **la cava** *der Steinbruch* – auch in diesem Fall zwei komplett unterschiedliche Sachen!

Hai visto il cavo del mio cellulare?
Hast du mein Handykabel gesehen?

Domani visitiamo le cave di marmo di Carrara.
Morgen besichtigen wir die Marmorsteinbrüche von Carrara.

il collo – la colla
der Hals – der Kleber

Il collo heißt *der Hals*. **La collana** stammt vom Wort **collo** ab und bedeutet *die Halskette*. **La colla** dagegen hat mit **collo** nichts zu tun und heißt auf Deutsch *der Kleber*.

Le giraffe hanno il collo lungo.
Giraffen haben einen langen Hals.

Gli operai hanno usato una colla puzzolente.
Die Handwerker haben einen übelriechenden Kleber verwendet.

Zoom su...

Hat man Halsschmerzen, spricht man nicht von **collo**, sondern von **gola**. Man sagt z. B. **ho mal di gola** – *ich habe Halsschmerzen*.

Wenn dagegen von **dolori muscolari al collo** die Rede ist, dann hat man auf Deutsch *Nackenverspannungen*.

il colpo – la colpa
der Schlag – die Schuld

Il colpo heißt sowohl *der Schlag* als auch *der Schuss*. **La colpa** bedeutet *die Schuld*.

È stato un duro colpo.
Es war ein harter Schlag.

Litigano sempre. Chi ha torto? Chi ha ragione? La colpa sta nel mezzo.
Sie streiten ständig. Wer hat unrecht? Wer hat recht? Die Schuld liegt bei beiden.

Zoom su...

Colpo ist in einigen Ausdrücken zu finden. Passiert plötzlich etwas Unerwartetes, hat man **un colpo di scena** *(ein Überraschungseffekt - wörtl.: Szenenschlag)*, ist man plötzlich nach dem ersten Anblick in jemanden verliebt, dann 'erleidet' man **un colpo di fulmine** *(Liebe auf den ersten Blick - wörtl.: Blitzschlag)*, hat man zufällig Glück, spricht man von **un colpo di fortuna** *(Glücksfall - wörtl.: Glücksschlag)*. Den Ausdruck **che colpo!** *(was für ein Schreck! - wörtl.: was für ein Schlag)* verwendet man, wenn man sich erschrocken hat.

il coperto - la coperta
das Gedeck - die Decke

Il coperto heißt *das Gedeck* und in Italien zahlt man im Restaurant dafür. Die entsprechende weibliche Form **la coperta** bedeutet dagegen *die Decke*.

Al ristorante di solito si paga anche il coperto.
Im Restaurant bezahlt man gewöhnlich auch das Gedeck.

Il gatto si nasconde sempre sotto le coperte.
Die Katze versteckt sich immer unter den Decken.

Zoom su...

La coperta ist *die Decke* und **la copertina** ist daher eine kleine Decke, oft eine Babydecke, aber sie ist auch das Titelblatt/Deckblatt eines Buches oder einer Zeitschrift: *das Cover.*

il corso - la corsa
der Kurs - der Lauf

Il corso heißt *der Kurs*. **La corsa** bedeutet *der Lauf*.

Il corso di yoga è finito ieri.
Der Yogakurs ging gestern zu Ende.

Dai, facciamo una corsa e vediamo chi arriva prima.
Komm, machen wir einen Lauf und schauen wir, wer zuerst ankommt.

il filo – la fila
der Faden – die Schlange

Il filo heißt *der Faden* und wird auch im Italienischen im übertragenen Sinn benutzt. **La fila** bedeutet *die Reihe*, aber auch als Synonym von **coda** als Menschenschlange *die Schlange*.

Prendi ago e filo per cucire il bottone ai pantaloni.
Nimm Nadel und Faden, um den Knopf an die Hose zu nähen.

Ho perso il filo del discorso.
Ich habe den Faden des Gesprächs verloren.

Abbiamo due posti in prima fila.
Wir haben zwei Plätze in der ersten Reihe.

Bisogna avere pazienza e fare la fila.
Man muss Geduld haben und Schlange stehen.

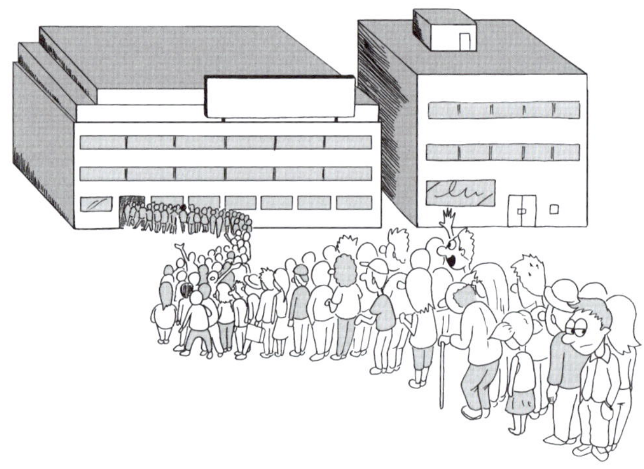

il fine – la fine
das Ziel – das Ende

Il fine heißt *das Ziel* bzw. *der Zweck* und bezeichnet das Ende, das Erreichen von etwas. *Das Ende* selbst wird allerdings auf Italienisch mit entsprechender weiblicher Form bezeichnet, **la fine**.

Ti aiuta solo per fini economici.
Er hilft dir nur aus Geldgründen.

È stato sempre attento, dall'inizio alla fine.
Er war immer aufmerksam, von Anfang bis Ende.

il foglio - la foglia
das Blatt (Papier) - das Blatt (Pflanze)

Il foglio heißt *das Blatt* (Papier). **La foglia** bedeutet *das Blatt* (einer Pflanze).

Prendi un foglio e scriviamo la lista.
Nimm ein Blatt und wir schreiben die Liste.

È autunno e cadono le foglie.
Es ist Herbst und die Blätter fallen.

il fronte - la fronte
die Front - die Stirn

Il fronte, *die Front*, kennt man, wenn man den Krieg erlebt hat; **la fronte**, *die Stirn*, mindestens die eigene, kennt jeder!

Quanti soldati sono morti al fronte?
Wie viele Soldaten sind an der Front gestorben?

Antonella ha una piccola cicatrice sulla fronte.
Antonella hat eine kleine Narbe auf der Stirn.

il gambo - la gamba
der Stiel - das Bein

Il gambo und **la gamba** bezeichnen etwas Ähnliches, **il gambo** für Blumen, **la gamba** für Menschen oder Möbel. **Il gambo** ist *der Stiel*, **la gamba** *das Bein*.

Hai tagliato i gambi dei carciofi?
Hast du die Stiele der Artischocken geschnitten?

Metti un pezzo di carta sotto la gamba del tavolo.
Lege ein Stück Papier unter das Tischbein.

il legno - la legna
das Holz - das (Brenn-)Holz

Il legno ist der Begriff für *Holz* als Material. **La legna** bezeichnet dagegen die Sammlung von Holzstücken für ein Feuer, es ist das *(Brenn-)Holz*.

Il pavimento di legno crea un ambiente caldo.
Der Holzboden schafft eine warme Atmosphäre.

Raccogliamo la legna per il camino.
Wir sammeln das Holz für den Kamin.

il lotto – la lotta
das Lotto(spiel) – der Kampf

Il lotto kennt jeder, auch wenn man nicht spielt. Auf Deutsch bleibt das Wort so wie auf Italienisch: *das Lotto*. **La lotta** bedeutet *der Kampf*, nur selten ist so ein Kampf ein Spiel, öfter ist sie eine Sportart.

Mia zia ogni tanto gioca al lotto.
Meine Tante spielt ab und zu Lotto.

È una lotta continua. Chi la dura la vince.
Es ist ein ständiger Kampf. Wer durchhält, gewinnt. / Beharrlichkeit führt zum Ziel.

il manico – la manica
der Griff, der Stiel – der Ärmel

Il manico heißt *der Griff* und *der Stiel*. Die entsprechende weibliche Form dagegen, **la manica**, bedeutet *der Ärmel*.

Il manico della scopa è di legno.
Der Besenstiel ist aus Holz.

Questo maglione ha le maniche troppo corte.
Dieser Pullover hat zu kurze Ärmel.

Zoom su...

Ein bekanntes italienisches Sprichwort beinhaltet das Wort **manico** und entspricht dem deutschen Sprichwort *am längeren Hebel sitzen*.

avere il coltello dalla parte del manico – *das Heft in der Hand haben (wörtl.: das Messer am Griff haben)*

il masso – la massa
der Felsblock – die Masse

Il masso heißt *der Felsblock*. **La massa** bedeutet *die Masse* als Menge, aber auch als Physikbegriff.

Attenzione caduta massi!
Achtung Steinschlag!

Qual è la massa della terra?
Welche Masse hat die Erde?

Il turismo di massa è tipico di certe località.
Der Massentourismus ist typisch für einige Ortschaften.

il melo – la mela
der Apfelbaum – der Apfel

Il melo ist *der Apfelbaum*, **la mela** dessen Frucht, *der Apfel*.

In giardino ci sono sette meli. Ogni anno in settembre ci incontriamo per la raccolta delle mele.
Im Garten gibt es sieben Apfelbäume. Jedes Jahr im September treffen wir uns, um die Äpfel zu ernten.

Zoom su...

Ein weltbekanntes Sprichwort lautet auf Italienisch so: **una mela al giorno toglie il medico di torno** – *ein Apfel pro Tag hält den Doktor fern.*

Zoom su...

Ähnlich wie **mela** klingt **il melone**, das eine andere Frucht bezeichnet, nämlich *die Netz-* oder *Honigmelone*.

Zoom su...

Gewöhnlich sind *die Obstbäume*, **gli alberi da frutta**, im Italienischen männlich und *die Früchte*, **i frutti**, weiblich.

Hier eine Liste von einigen Bäumen und deren Früchten: **l'albicocco – l'albicocca** *(der Aprikosenbaum – die Aprikose)*, **l'arancio – l'arancia** *(der Orangenbaum – die Orange)*, **il ciliegio – la ciliegia** *(der Kirschbaum – die Kirsche)*, **il pero – la pera** *(der Birnbaum – die Birne)*, **il pesco – la pesca** *(der Pfirsichbaum – der Pfirsich)*.

Hier jedoch zwei Ausnahmen: Auch die Früchte sind männlich bei **il fico – il fico** *(der Feigenbaum – die Feige)* und **il limone – il limone** *(der Zitronenbaum – die Zitrone)*.

il mento – la menta
das Kinn – die Minze

Il mento ist *das Kinn* und hat mit **la menta**, *die Minze*, nichts zu tun.

Sandro ha dei tratti decisi e un mento ben pronunciato.
Sandro hat entschlossene Gesichtszüge und ein markantes Kinn.

Prepariamo un buon tè alla menta fresca.
Wir bereiten einen leckeren Tee mit frischer Minze zu.

il modo – la moda
die Art – die Mode

Il modo heißt *die Art* und die Art, wie man sich bekleidet ist **la moda**, *die Mode*.

È fatto così, ha dei modi bruschi.
Er ist so gestrickt, er hat eine schroffe Art.

Mario segue la moda. Ci tiene molto.
Mario folgt der Mode. Ihm ist das wichtig.

Zoom su...

Sie kennen sicher das Sprichwort: *Die Kutte macht noch keinen Mönch* – **L'abito non fa il monaco.** Man sollte keine oberflächigen Urteile auf Basis des Aussehens treffen, jedoch ist das in unsere Gesellschaft unvermeidlich. **La moda** spielt doch eine wichtige Rolle:

È all'ultima moda. – *Er/Sie/Es ist der letzte Schrei.*
È/Va di moda. – *Es ist in Mode / total hip.*
È fuori moda. – *Es ist altmodisch.*

il mostro – la mostra
das Monster – die Ausstellung

Il mostro ist *das Monster* und davor kann man Angst haben, was bei **la mostra**, *die Ausstellung*, nicht der Fall sein sollte.

Chi ha paura dei mostri?
Wer hat Angst vor Monstern?

Sabato c'è l'inaugurazione della mostra di Stefano Ricci.
Samstag ist die Eröffnung der Ausstellung von Stefano Ricci.

l'oro – l'ora
das Gold – die Uhrzeit, die Stunde

L'oro heißt *das Gold* als Metall und als Symbol für Geld und Reichtum. **L'ora** bedeutet *die Uhrzeit* aber auch *die Stunde* – und Zeit kann auch sehr wertvoll sein!

Le ha regalato un anello d'oro molto bello.
Er hat ihr einen sehr schönen Ring aus Gold geschenkt.

Dal dentista i minuti sembrano ore.
Beim Zahnarzt scheinen die Minuten Stunden zu sein.

Zoom su...

Wenn Sie sich über etwas freuen, das in der Zukunft passieren wird, und wünschen, dass dieser Moment schnell kommt, dann können Sie **non vedo l'ora!** – *Ich kann es kaum erwarten!* sagen.

Non vedo l'ora di rivederti e abbracciarti. – *Ich kann es kaum erwarten, dich wiederzusehen und zu umarmen.*

il pacco – la pacca
das Paket – der Klaps

Il pacco heißt *das Paket*. Die entsprechende weibliche Form **la pacca** bedeutet *der Klaps* und wird oft in der Redewendung **dare una pacca sulla spalla a qualcuno** *jdm (freundlich) auf die Schulter klopfen* verwendet.

Aspetto un pacco dalla Germania.
Ich erwarte ein Paket aus Deutschland.

Mi ha dato una pacca sulla spalla e ha detto 'ehilà'.
Er hat mir auf die Schulter geklopft und 'Oho' gesagt.

Zoom su...

Wenn man vergeblich auf jemanden wartet, der nicht kommt, dann redet man im Deutschen von „einen Korb geben". In solch einer Situation benutzt ein/e Italiener/in den Ausdruck: **tirare un pacco** – *einen Korb geben (wörtl.: ein Paket werfen)* bzw. **tirare pacchi** – *Körbe geben.*

il palo – la pala
der Pfahl – die Schaufel

Il palo heißt *der Pfahl*, **la pala** bedeutet *die Schaufel*.

Attento a parcheggiare, dietro c'è un palo.
Pass beim Parken auf, hinter dir ist ein Pfahl.

Il contadino ha lavorato la terra con la pala.
Der Bauer hat die Erde mit der Schaufel gelockert.

Zoom su...

Saltare di palo in frasca ist eine Redewendung, die bedeutet, plötzlich und ohne Logik von einem Thema zu einem anderen zu springen. Auf Deutsch würde man sagen: *vom Hölzchen aufs Stöckchen kommen.*

Lösung Blitzquiz
B

il pasto – la pasta
die Mahlzeit – die Nudel

Il pasto bezeichnet *das Essen* und genauer *die Mahlzeit*. **La pasta** kann ein Teil der Mahlzeit sein und alle kennen sie mit dem italienischen Namen oder im Deutschen als *Nudel*.

I nutrizionisti consigliano di fare più pasti al giorno.
Ernährungsberater empfehlen, mehrere Mahlzeiten am Tag zu sich zu nehmen.

Ci sono tante varietà di pasta con diverse forme e ingredienti.
Es gibt viele Nudelarten mit verschiedenen Formen und Zutaten.

Buono a sapersi!

Bestimmt haben Sie auch schon viele Nudelsorten zubereitet und gekostet. Jede Sorte hat eine bestimmte Form und oft den Namen des dargestellten Objektes:

le farfalle *(die Schmetterlinge)*, **le conchiglie** *(die Muscheln)*, **le orecchiette** *(die kleinen Ohren)*, **i riccioli** *(die Locken)*, **le ruote** *(die Reifen)*.

Es gibt auch kleinere Nudelsorten, die in Brühe gekocht und als klare Suppe gegessen werden:

le stelline *(die Sternchen)*, **i filini** *(die Fädchen)*, **i ditalini** *(die kleinen Fingerhüte)*.

Also, nicht nur Spaghetti!

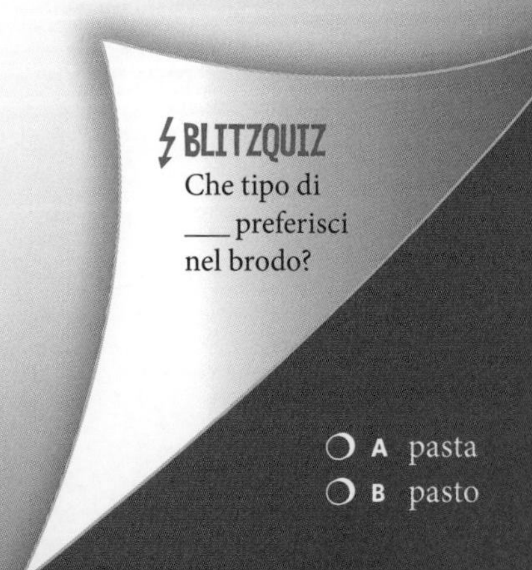

BLITZQUIZ
Che tipo di ___ preferisci nel brodo?

- A pasta
- B pasto

il punto – la punta
der Punkt – die Spitze

Il punto heißt auf Deutsch *der Punkt*, **la punta** ist *die Spitze*.

Quando finisci una frase ricorda di mettere il punto finale.
Wenn du einen Satz beendest, denk daran, den Punkt am Ende zu setzen.

Ti piacciono le scarpe con la punta quadrata?
Magst du Schuhe mit einer eckigen Spitze?

Zoom su...

Mit **punto** gibt es einige Redewendungen, die oft zu hören sind. Fragt jemand **a che punto sei?**, heißt es, er möchte wissen, wie weit Sie mit Ihrer Tätigkeit vorangekommen sind.

A che punto sei? – Ho quasi finito! – *Wie weit bist du? – Ich bin fast fertig!*

Der Ausdruck **arrivare al punto** ist auch oft in Gebrauch und wird auf Deutsch durch *zur Sache kommen* übersetzt.

Dai, arriva al punto, cosa vuoi dirmi? – *Los, komm zur Sache, was möchtest du mir sagen?*

il radio – la radio
die Speiche, der Radius, das Radium – das Radio

Il radio hat auf Deutsch mehrere Bedeutungen: Es ist ein Knochen, *die Speiche*, der Halbmesser in der Mathematik, *der Radius*, und ein Schwermetall, *das Radium*. Die entsprechende weibliche Form **la radio** ist deutlich verbreiteter und heißt auch auf Deutsch *das Radio*.

Con la radiografia si vede bene la frattura del radio.
Mit der Röntgenaufnahme erkennt man gut den Bruch der Speiche.

Mio nonno aveva una bella radio antica.
Mein Großvater hatte ein schönes antikes Radio.

il saluto – la salute
der Gruß – die Gesundheit

Il saluto heißt auf Deutsch *der Gruß*. **La salute** bedeutet *die Gesundheit* und **salute!** sagt man jemandem, wenn er niest.

Tanti saluti a Francesca.
Viele Grüße an Francesca.

La salute prima di tutto.
Gesundheit geht vor.

Buono a sapersi!

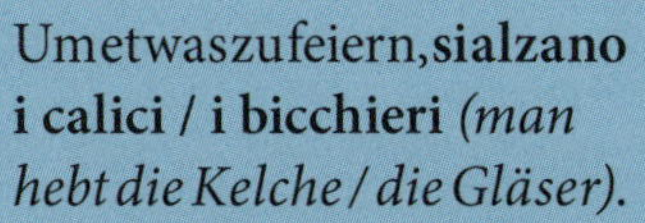

Um etwas zu feiern, **si alzano i calici / i bicchieri** *(man hebt die Kelche / die Gläser)*. Beim **brindisi** *(Trinkspruch)* sagt man **alla salute!** *(zum Wohl!)* oder **cin cin!** *(Prost!)*.

lo scalo – la scala
der Umsteige-bahnhof – die Treppe

Lo scalo heißt *der Umsteigebahnhof* bzw. *der Zwischenlandeflughafen*. Heutzutage hört man oft **fare scalo**, wenn man beim Fliegen umsteigen muss. **La scala** ist *die Leiter* oder *die Treppe*.

Ho un volo diretto senza scalo.
Ich habe einen direkten Flug, ohne Zwischenlandung.

I gradini di questa scala sono troppo alti.
Die Stufen dieser Treppe sind zu hoch.

Buono a sapersi!

Il teatro alla Scala – la Scala di Milano – hat nichts mit Treppen zu tun. Der Name kommt von der Kirche Santa Maria alla Scala, die abgerissen wurde, um das **Nuovo Regio Ducal Teatro alla Scala** zu bauen.

lo scopo – la scopa
das Ziel – der Besen

Lo scopo bedeutet *der Zweck* und *das Ziel.* **La scopa** bedeutet *der Besen.*

Cerca di raggiungere il tuo scopo e lascia stare il resto.
Versuch dein Ziel zu erreichen und denk nicht an den Rest.

Sconto del 50% su scope e palette.
50% Rabatt auf Besen und Kehrschaufeln.

il soffitto – la soffitta
die Decke – der Dachboden

Il **soffitto** ist *die Decke* und, wenn man im obersten Stock wohnt, dann hat man darüber **la soffitta**, *der Dachboden.*

La prossima estate imbianchiamo pareti e soffitti.
Nächsten Sommer streichen wir Wände und Decken.

Stiamo ristrutturando la soffitta.
Wir renovieren gerade den Dachboden.

Zoom su...

Imbiancare kommt von **bianco**, bedeutet aber einfach *streichen* und nicht unbedingt *weiß streichen.* **Un imbianchino** ist die Person, die diese Arbeit ausübt: *ein Maler.*

il taglio – la taglia
der Schnitt – die Größe

Il **taglio** heißt *der Schnitt*, auch im übertragenen Sinn. **La taglia** bedeutet *die (Kleidungs-)Größe.*

È caduta dalla bici e ha un piccolo taglio sul mento.
Sie ist vom Fahrrad gefallen und hat einen kleinen Schnitt am Kinn.

Basta! Dacci un taglio a questa storia!
Es reicht! Mach Schluss mit dieser Geschichte!

Che taglia porta? – La 42.
Welche Größe tragen Sie? – Die 42.

il tasso – la tassa
der Dachs, der Satz (Wirtschaft) – die Steuer

Il tasso ist sowohl ein Tier, *der Dachs*, als auch ein Wert: *die Rate* bzw. *der Satz*. Die entsprechende weibliche Form **la tassa** bedeutet *die Steuer*.

Il tasso è un animale notturno.
Der Dachs ist ein Nachttier.

Qual è il tasso di interesse?
Welchen Zinssatz gibt es?

Anche quest'anno aumenterà la tassa sui rifiuti.
Auch dieses Jahr wird die Müllsteuer teurer.

il tavolo – la tavola
der Tisch – der gedeckte Tisch, das Brett

Il tavolo und **la tavola** bezeichnen beide dasselbe Möbelstück, jedoch ist **il tavolo** *der Tisch* allgemein. **La tavola** ist *der gedeckte Tisch*. **La tavola** bedeutet außerdem *das (Holz-) Brett*.

Ho messo il vaso di fiori sul tavolo.
Ich habe die Blumenvase auf den Tisch gestellt.

Dai, forza, sparecchia la tavola!
Komm schon, räum den Tisch ab!

Il falegname mi ha procurato queste due tavole di legno.
Der Schreiner hat mir diese zwei Holzbretter besorgt.

Zoom su...

Tavolo und **tavola** findet man auch in Redewendungen.

Il mare è liscio come una tavola. – *Das Meer ist glatt wie ein Brett.*

Mettere le carte sul tavolo. – *Die Karten auf den Tisch legen.*

BLITZQUIZ
Qual è ____ del gioco?

- A lo scopo
- B la scopa

il tormento – la tormenta
die Qual – der Schneesturm

Il tormento heißt auf Deutsch *die Qual*. Das Wort wird auch im Italienischen eher im übertragenen Sinn benutzt. **La tormenta** bedeutet *der Schneesturm*.

Alla TV fanno vedere sempre la stessa pubblicità: che tormento!
Im TV zeigen sie immer dieselbe Werbung: Was für eine Qual!

Le piste da sci sono chiuse a causa della tormenta.
Die Skipisten sind wegen des Schneesturms geschlossen.

il torto – la torta
das Unrecht – der Kuchen, die Torte

Il torto heißt *das Unrecht*. **La torta** bedeutet *die Torte* und *der Kuchen*.

Se hai torto, chiedi scusa!
Wenn du unrecht hast, entschuldige dich!

Sabato facciamo una torta di mele.
Samstag backen wir einen Apfelkuchen.

il visto – la vista
das Visum – die Aussicht, die Sehkraft

Il visto heißt *das Visum*. **La vista** bedeutet *die Aussicht* und, als einer der fünf Sinne, *die Sehkraft*.

Per andare in America devi richiedere un visto.
Um nach Amerika zu fliegen, musst du ein Visum beantragen.

Guarda che bella vista si ha da qui!
Schau mal was für eine schöne Aussicht man von hier hat!

Non stare troppo davanti al computer, se no ti peggiora la vista.
Bleib nicht zu lange vor dem Bildschirm an, sonst verschlechtert sich die Sehkraft.

Zoom su...

La vista, *die Sehkraft*, ist einer der *fünf Sinne* – **i cinque sensi:**

gli occhi – la vista *(die Augen – die Sehkraft)*, **le orecchie – l'udito** *(die Ohren – der Gehörsinn)*, **il naso – l'olfatto** *(die Nase – der Geruchssinn)*, **la mano – il tatto** *(die Hand – der Tastsinn)*, **la lingua – il gusto** *(die Zunge – der Geschmack)*.

L'intuito, *der Scharfsinn*, ist der *sechste Sinn* – **il sesto senso.**

Lösung Blitzquiz
B

Besondere Substantive: Ein Singular und zwei Pluralformen

il braccio
der Arm

Il braccio ist *der Arm*. Das Wort hat zwei Pluralformen, eine männliche und eine weibliche. **Le braccia** sind *die Arme* (bei Menschen), **i bracci** sind *die Arme* oder *die Greifer* einer Maschine oder eines Gerätes.

Che braccia forti e muscolose!
Was für starke und muskulöse Arme!

Dalla cabina di controllo lui muove i bracci della gru.
Vom Führerhaus aus bewegt er die Arme des Krans.

il cervello
das Gehirn

Auch **il cervello** hat zwei Pluralformen. **I cervelli** sind *die Gehirne* der Menschen mit ihrer Denkfunktion. Mit **la fuga dei cervelli** wird z. B. die Abwanderung von hochqualifizierten Arbeitern bezeichnet, *der Braindrain*. **Le cervella** sind *das Gehirn* bloß als inneres Organ betrachtet.

Nel giornale di oggi c'è un articolo sulla fuga all'estero dei cervelli.
In der Zeitung von heute ist ein Artikel über den Braindrain ins Ausland.

Hai mai mangiato cervella fritte?
Hast du schon mal frittiertes Hirn gegessen?

Zoom su...

Zu viele Vokabeln, Verben, Ausnahmen und und und? Keine Angst! Wenn das Gehirn gerade „schmilzt“, ist das normal!

Mi si sta fondendo il cervello. – *Mir schmilzt gerade das Gehirn.*

Mi fuma il cervello. – *Mir raucht der Kopf.*

il ciglio
die Wimper, der Rand

Il **ciglio** ist *die Wimper* und wird im Plural **le ciglia**, *die Wimpern*. **Il ciglio** heißt aber auch *der Rand* eines Grabens, vor allem bei Straßen. Die entsprechende Pluralform ist dann männlich: **i cigli**, *die Straßenränder*.

Lungo i cigli della strada crescono spesso molte canne di bambù.
Entlang der Straßenränder wachsen oft viele Bambusrohrpflanzen.

Che mascara usi? Le tue ciglia sono molto lunghe.
Welche Wimperntusche benutzt du? Deine Wimpern sind sehr lang.

Zoom su...

Mit **ciglio** bzw. **ciglia** gibt es einige verbreitete Redewendungen.
senza batter ciglio – *ohne mit der Wimper zu zucken*
in un battito di ciglia – *ruck zuck*

Im Lied „Estate“ singt Jovanotti: **L’eternità è un battito di ciglia** *(die Ewigkeit ist ein Wimpernschlag)*.

il fondamento
die Grundlage, das Fundament

Il fondamento bedeutet sowohl *die Grundlage* als auch *das Fundament*. Im Plural sind **i fondamenti** *die Grundlagen*, **le fondamenta** bedeutet *die Fundamente*.

Stasera c’è una conferenza sui fondamenti del diritto europeo.
Heute Abend findet eine Konferenz über die Grundlagen des europäischen Rechts statt.

Quanto sono profonde le fondamenta della casa?
Wie tief sind die Fundamente des Hauses?

il membro
das (Mit-)Glied

Il membro, *das Glied* (Körper) sowie *das Mitglied*, hat zwei Pluralformen: **i membri** sind *die Mitglieder*, **le membra** *die Glieder*. **Le membra** wird jedoch selten gebraucht, meistens in der Literatur. Im Alltag spricht man eher von **le parti del corpo**.

I membri del parlamento si sono riuniti per discutere la nuova legge.
Die Parlamentsmitglieder haben sich versammelt, um über das neue Gesetz zu diskutieren.

il muro
die Mauer, die Wand

Il muro heißt *die Mauer* sowie *die Wand*. Im Plural sind **i muri** sowohl *die Wände* als auch *die Mauern* eines Hauses oder eines Gebäudes, **le mura** sind *die Mauern* als Ganzes, z. B. *die Stadtmauern* (**le mura della città**) oder *die eigenen vier Wände* (**le mura di casa**).

I muri della casa sono ben isolati.
Die Mauern des Hauses sind gut isoliert.

Intorno alla città ci sono le vecchie mura.
Um die Stadt herum gibt es die alten Stadtmauern.

Buono a sapersi!

Weltbekannte Mauern sind:

il Muro di Berlino – *die Berliner Mauer*
il Muro del Pianto – *die Klagemauer*
la Grande Muraglia – *die Große Mauer*

Auch wenn nicht so bekannt, ist auch **il Muro di Gorizia** – *die Mauer von Görz* zu erwähnen: Sie trennte die italienische Stadt Görz in Friaul von den jugoslawischen Außenvierteln. Heute ist auf dem Platz Transalpina nur eine Linie auf dem Boden zu sehen, wo früher die Mauer verlief.

l'osso
der Knochen

Auch das Wort **osso** hat zwei Pluralformen: **gli ossi** sind *die Knochen* eines Tieres als einzelne Teile betrachtet, **le ossa** sind *die Knochen* eines Menschen als gesamtes Skelett gesehen.

Il cane sotterra gli ossi di pollo in giardino.
Der Hund vergräbt die Hühnerknochen im Garten.

Ho lavorato troppo. Mi fanno male le ossa.
Ich habe zu viel gearbeitet. Die Knochen tun mir weh.

il riso
der Reis, das Lachen

Il riso als *der Reis* bildet den männlichen Plural **i risi**, der aber eher selten gebraucht wird und *die Reissorten* bezeichnet. In einigen Regionen sind allerdings **i risi** *die Reiskörner.* **Il riso** als *das Lachen* bildet den weiblichen Plural **le risa**, die *das Lachen / das Gelächter* bedeuten.

Sabato facciamo risi e bisi. (risotto con i piselli – una specialità tipica della cucina veneta)
Am Samstag kochen wir Risi-Bisi. (Risotto mit Erbsen – eine Spezialität aus der Region Venetien)

Si sentono le risa dei bambini che giocano in giardino.
Man hört das Lachen der Kinder, die im Garten spielen.

l'urlo
der Schrei

Auch **l'urlo**, *der Schrei*, hat zwei Pluralformen. **Gli urli** sind meistens *die Schreie* eher von Tieren, die man nicht klar bestimmen kann. **Le urla** sind *die Schreie / das Geschrei* von Menschen.

Ieri notte hai sentito anche tu degli urli spaventosi? Saranno stati i lupi?
Hast du gestern Nacht auch schreckliche Schreie gehört? Ob es wohl Wölfe waren?

I vicini hanno litigato e le loro urla mi hanno svegliato.
Die Nachbarn haben sich gestritten und ihre Schreie haben mich geweckt.

Besondere Substantive: Substantive nur im Plural

i dintorni
die Umgebung

I dintorni heißt *die Umgebung*. Im Italienischen sind **i dintorni** ein Substantiv im Plural, weil es sich auf alle umliegenden Ortschaften bezieht, die um einen Ort herum liegen.

Conosci i dintorni di Torino?
Kennst du die Umgebung von Turin?

le forbici
die Schere

Le forbici heißt *die Schere*. Im Italienischen sind **le forbici** ein Substantiv im Plural, weil sie aus zwei Teilen bestehen. Man hört auch die Singularform **la forbice**, diese wird jedoch nur regional verwendet.

Dove sono le forbici?
Wo liegt die Schere?

le mutande
die Unterhose

Le mutande heißt *die Unterhose* und obwohl es sich um ein Kleidungstück handelt, ist das Substantiv eine Pluralform – das stammt noch aus früheren Zeiten, als die Unterhose lang war und daher aus zwei Hosenbeinen bestand.

Ricordati di mettere in valigia anche le mutande nuove, una canottiera e i calzini.
Denk daran, auch die neue Unterhose, ein Unterhemd und die Socken in den Koffer zu packen.

Buono a sapersi!

In Italien wird aus Tradition zu Silvester rote Unterwäsche getragen: **le mutande** *(die Unterhose)* und **il reggiseno** *(der BH)* sollen rot sein, wenn Sie abergläubisch sind. Das wird Ihnen im neuen Jahr Glück bringen!

le nozze
die Hochzeit

Le nozze heißt *die Hochzeit*. Im Italienischen ist das Wort nur in der Pluralform zu hören.

Domani i miei nonni festeggiano le nozze d'oro!
Morgen feiern meine Großeltern goldene Hochzeit!

Buono a sapersi!

Le nozze d'oro sind *die goldene Hochzeit*, die man mit 50 Jahren Hochzeit feiert. Erreicht man die Hälfte, 25 Jahre, kann man **le nozze d'argento**, *die silberne Hochzeit*, feiern.

Vor der Hochzeit sollte das Brautpaar an **la lista di nozze** denken. Es handelt sich um eine Liste von gewünschten Gegenständen, die in einem Geschäft zu finden sind, und unter denen die Gäste etwas als Geschenk auswählen können. Immer öfter wünschen sich Brautpaare aber Geld für eine Reise: Viele leben schon vor der Hochzeit zusammen und haben daher alles, was für den Haushalt wichtig ist.

gli occhiali
die Brille

Sie wissen, dass **gli occhi** *die Augen* sind. Raten Sie mal, was **gli occhiali** bedeuten könnte ... Ja, richtig! *Die Brille*!

I nuovi occhiali ti stanno proprio bene.
Die neue Brille steht dir wirklich gut.

i pantaloni
die Hose

I pantaloni heißt *die Hose*. In der Fachsprache für Bekleidung und Schneiderei sagt man auch **il pantalone**, aber die Pluralform ist die übliche.

Sei uno schianto con questi pantaloni verdi!
Du siehst umwerfend gut aus in der grünen Hose!

Vede, la giacca si abbina bene anche con un bel pantalone nero.
Sehen Sie, die Jacke lässt sich auch gut mit einer schönen schwarzen Hose kombinieren.

Attenzione!

Nicht nur die Schere besteht aus zwei Teilen, auch die Hose hat zwei Beine, die Unterhose zwei „Löcher“, die Brille zwei Gläser. Daher spricht man auch von **un paio di forbici/pantaloni/mutande/occhiali** *(eine Schere/Hose/Unterhose/Brille)*, auch wenn ein Stück gemeint ist.

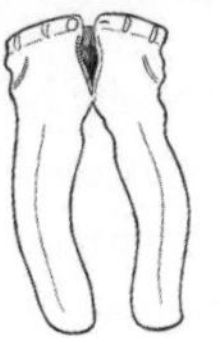

le stoviglie
das Geschirr

Le stoviglie heißt *das Geschirr*. Im Italienischen ist dieses Wort im alltäglichen Gebrauch fast immer im Plural und umfasst Teller, Gläser, Tassen usw. **Le stoviglie** bezeichnet also eine Mehrzahl!

Hai messo le stoviglie nella lavastoviglie?
Hast du das Geschirr in die Spülmaschine geladen?

Attenzione!

La gente heißt *die Leute*. Das Wort wird im Italienischen – anders als im Deutschen – im Singular benutzt, weil es die Menschenmenge als Gruppe kennzeichnet.

La gente parla ~~parlano~~ bene di noi. – *Die Leute sprechen gut über uns.*

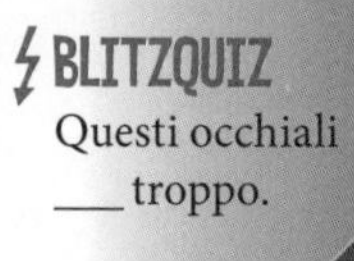

Questi occhiali ___ troppo.

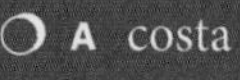

Suffixe: Verkleinerung, Vergrößerung, Verschlechterung

-ino/-etto/ -uccio/-icino
-chen/-lein

Man kann Substantive verkleinern, indem man die passende Endung anhängt. Auf Italienisch hat man folgende Endungen als Verkleinerungsformen: -**ino**, -**etto**, -**uccio**, -**icino**. Vor allem die letzten beiden Endungen wirken als Verniedlichung.

Ma che bella cameretta con il tavolino, la seggiolina, il tuo bel lettuccio e sul comodino due bei libricini!
Oh, was für ein schönes kleines Zimmer mit dem Tischlein, dem kleinen Stuhl, deinem gemütlichen Bettchen und auf dem Nachttisch zwei schöne Büchlein.

Doch nicht alle Wörter auf -**ino**, -**etto** usw. sind Verkleinerungsformen, z. B. bedeutet **comodino** – auch im Beispielsatz – *Nachttisch*, **accendino** *Feuerzeug*, **cassetto** *Schublade* und **cannuccia** *Strohhalm*.

-one
(groß)

Man kann Substantive vergrößern, indem man die passende Endung -**one** anhängt.

Che librone! E lo leggi tutto?
Was für ein großes Buch! Und liest du es ganz?

Auch in diesem Fall gilt, dass nicht alle Wörter, die auf -**one** enden, Vergrößerungsformen sind, z. B. **pallone** *(Ball)*, **canzone** *(Lied)*, **scarpone** *(Bergschuh)*.

Attenzione!

All diese Suffixe – auf dieser und auf der nächsten Seite – werden nicht nur an Substantive angehängt, sondern auch an Adjektive, die dann oft als Substantive benutzt werden.

Fa il furbetto! – *Er spielt den kleinen Schlingel!*

Che pigrone che sei! – *Was für ein Faulpelz du bist!*

Lösung Blitzquiz
B

-accio/ -ucolo/-astro *(schlecht)*

Man kann Substantive abwertend klingen lassen, indem man die passende Endung -**accio** anhängt.

Che scarpacce! Sono vecchie e consumate.
Was für hässliche Schuhe! Sie sind alt und abgelaufen.

Auch in diesem Fall sind nicht alle Wörter Verschlechterungen, die auf -**accio** enden, z. B. bedeutet **strofinaccio** *Putztuch* und **polpaccio** *Wade.*

Die Endung auf -**accio** ist hier auch nur ein Beispiel. Substantive, die abwertend verstanden werden sollen, werden u. a. auch durch die Endung -**ucolo** bzw. -**astro** gebildet.

Abitava in un paesucolo sperduto tra i monti.
Er wohnte in einem kleinen verlassenen Dorf in den Bergen.

Attenzione!

Durch all diese Endungen wird ein Nomen genauer definiert und man bekommt sofort ein bestimmtes Bild des Gegenstands. Die Wirkung auf den Zuhörer ist damit direkter als die Anwendung vieler Adjektive:

Che scarpacce! = Che brutte scarpe vecchie e senza forma!

Zoom su...

Es gibt auch Adjektive, die im Deutschen eine direkte Übersetzung haben.

Zio Paperone è un riccone. – *Onkel Dagobert ist steinreich.*
Paolino Paperino è un poveraccio. – *Donald Duck ist bettelarm.*

QUIZ

Substantive

		A	B
1.	Hai degli spiccioli per ____ .	❍ A la casella	❍ B il casello
2.	Hai rinnovato ____ ?	❍ A la vista	❍ B il visto
3.	Ti piace il colore ____ ?	❍ A di questi cigli finti	❍ B di queste ciglia finte
4.	Dai pure ____ al cane.	❍ A gli ossi	❍ B le ossa
5.	Stasera per cena friggiamo un po' di ____ ?	❍ A cervello	❍ B cervella
6.	Hai comprato ____ per la montagna?	❍ A gli scarponi	❍ B le scarpacce
7.	Che meravigliosa ____ che hai!	❍ A casaccia	❍ B casetta
8.	Gli occhiali ____ sul tavolo.	❍ A è	❍ B sono
9.	____ di questo ombrello è blu.	❍ A Il manico	❍ B La manica
10.	Di chi è ____ ?	❍ A il colpo	❍ B la colpa
11.	Quanto ____ questi pantaloni?	❍ A costa	❍ B costano
12.	Cosa ____ la gente?	❍ A dirà	❍ B diranno
13.	Non ci credo, per me è ____ .	❍ A un ballo	❍ B una balla

14. Se hai freddo, mettiti ____ .	❍ A una coperta	❍ B un coperto
15. Prendi ____ per il camino!	❍ A il legno	❍ B la legna
16. Che ____ di fare è? Chi si crede di essere?	❍ A moda	❍ B modo
17. Mi fanno male ____ .	❍ A i bracci	❍ B le braccia
18. Hai visto il mio ____ ?	❍ A cappello	❍ B capello
19. Hai ____ ? Devo scrivere una cosa.	❍ A un foglio	❍ B una foglia
20. Oggi a pranzo pasta o ____ ?	❍ A risa	❍ B riso
21. Prima di tutto ____ !	❍ A il saluto	❍ B la salute
22. Che ____ ! Dovrò aspettare un'ora!	❍ A fila	❍ B filo
23. Hai un temperamatite? Devo fare ____ alla matita.	❍ A la punta	❍ B il punto
24. Qual è ____ della Svizzera?	❍ A il capitale	❍ B la capitale
25. Che ____ ! Basta! Lasciami stare adesso!	❍ A tormenta	❍ B tormento
26. Non ci sono voli diretti. Facciamo ____ a Roma.	❍ A scala	❍ B scalo
27. Prendi ____ e cambia la lampadina, per favore!	❍ A la scala	❍ B lo scalo

Lösungen

1. B, 2. B, 3. B, 4. A, 5. B, 6. A, 7. B, 8. B, 9. A, 10. B, 11. B, 12. A, 13. B, 14. A, 15. B, 16. B, 17. B, 18. A, 19. A, 20. B, 21. B, 22. A, 23. A, 24. B, 25. B, 26. B, 27. A

WORTSCHATZ UND WORTBILDUNG

Verben

abbassare
senken, niedriger machen

Abbassare heißt auf Italienisch *niedriger machen* oder *senken*. In einigen Fällen wird im Italienischen **abbassare** verwendet, wo im Deutschen andere Verben in dem Zusammenhang stehen. Das ist oft eine Fehlerquelle.

Per favore, abbassa ~~metti piano~~ il volume della radio.
Stell bitte das Radio leiser.

Non abbassare ~~aprire~~ il finestrino (della macchina), c'è l'aria condizionata.
Mach das (Auto-)Fenster nicht auf, es gibt eine Klimaanlage.

alzare
(hoch)heben

Alzare wird durch *heben* bzw. *hochheben* übersetzt. Im Zusammenhang mit Lautstärke wird – genauso wie bei **abbassare** – **alzare** verwendet.

Puoi alzare ~~mettere forte~~ la radio per favore? Non sento niente.
Kannst du bitte das Radio lauter stellen? Ich höre nichts.

Zoom su...

Feste Ausdrücke werden oft von Sprache zu Sprache anders formuliert. Hier zwei Beispiele mit **alzare**.

alzare le spalle – *mit den Schultern zucken*
non alzare un dito – *keinen Finger rühren*

Attenzione!

Die Reflexivform von **alzare**, **alzarsi**, heißt auf Deutsch *aufstehen*. Vergessen Sie nicht das Reflexivpronomen!

Mi alzo sempre presto, alle sette meno un quarto. – *Ich stehe immer früh um Viertel vor sieben auf.*

avere
haben

Avere wird als Voll- und Hilfsverb verwendet. Es kommt außerdem in Redewendungen vor, die oft dem Deutschen entsprechen. Es gibt jedoch Ausnahmen, die Stolperfallen bieten, u. a. bei der Altersangabe und bei der gefühlten Temperatur.

Quanti anni hai ~~sei~~? – Ne ho ~~sono~~ 36.
Wie alt bist du? – Ich bin 36.

Ho ~~Mi è~~ freddo/caldo.
Mir ist kalt/warm.

Carla ha avuto ~~ha ricevuto~~ un figlio.
Carla hat ein Kind bekommen.

Zoom su...

Ho sonno. – *Ich bin müde.*

Diesen Ausdruck bildet man im Italienischen mit dem Verb **avere**! Es gehört wie **avere fame** *(Hunger haben)* oder **avere sete** *(Durst haben)* zu den Grundbedürfnissen, die ein Mensch hat. **Avere sonno** bedeutet, dass man Schlaf braucht und schlafen möchte.

Müde sein heißt auf Italienisch auch **essere stanco** und wird wie im Deutschen mit dem Verb *sein* gebildet. **Essere stanco** bedeutet, dass man mental oder körperlich ausgelaugt ist.

dare
geben

Dare wird meist durch *geben* übersetzt, selbstverständlich mit einigen Nuancen, mal *geben* im Sinne von *anbieten*, mal von *verleihen* usw. Es gibt jedoch ein paar Ausnahmen, wo im Deutschen komplett andere Verben verwendet werden.

La camera dà ~~va~~ sul giardino.
Das Zimmer geht zum Garten.

Quel ragazzo ti dà ~~procura~~ solo dispiaceri: lascialo perdere!
Dieser Junge verursacht dir nur Sorgen: lass ihn sein.

Ti dà ~~augura~~ sempre il buongiorno con un bacio.
Er/Sie wünscht dir immer guten Tag mit einem Kuss.

Buono a sapersi!

Darsi del tu / Darsi del Lei – In Italien duzt man sich eher als in Deutschland, jedoch ist es nicht üblich, dass man alle Menschen sofort duzt: Das kann unangemessen wirken! Viele Faktoren spielen eine Rolle: die Situation, das Alter der Gesprächspartner, der Grad der Bekanntschaft ... Im Zweifelsfall ist es immer besser und netter, die Person zu *siezen* (**dare del Lei**) und zu fragen bzw. anzubieten:

Ci possiamo dare del tu? – *Können wir uns duzen?*
Mi può dare del tu. – *Sie können mich ruhig duzen.*

Zoom su...

Mit dem Verb **dare** sind viele Ausdrücke, die auf Deutsch anders wiedergegeben werden, u. a. **dare una mano** *(helfen)*, **dare peso** *(Wert legen)*, **dare nell'occhio** *(auffallen)*, **dare fastidio** *(stören)*.

Einige beinhalten die Reflexivform **darsi: darsi da fare** *(sich bemühen)*, **darsi una calmata** *(sich beruhigen)*.

fare
machen, tun

Fare bedeutet *machen* und *tun* und ist in zahlreichen Ausdrücken zu finden. In Anlehnung an deutsche Strukturen wird **fare** teilweise falsch verwendet, u. a. bei Berufsbezeichnungen, beim Wetter, beim Kochen.

Fa ~~È~~ l'insegnante di musica.
Er/Sie ist Musiklehrer/in.
Benutzt man das Verb **essere**, muss der Artikel weggelassen werden: **è insegnante**.

Fa ~~È~~ freddo/caldo/bello/brutto.
Es ist kalt/warm / schönes Wetter / schlechtes Wetter.

Oggi faccio ~~cucino al forno~~ i biscotti.
Heute backe ich Kekse.

Facciamo ~~Grigliamo~~ una grigliata?
Grillen wir?

Manca un bottone, mi può fare ~~dare~~ uno sconto?
Es fehlt einen Knopf, können Sie mir ein Rabatt geben?

Ha fatto ~~Ha lasciato~~ cadere il vaso.
Er/Sie hat die Vase fallen lassen.

Posso fare ~~mettere~~ una domanda?
Darf ich eine Frage stellen?

Fai ~~Prendi~~ il bagno o la doccia?
Nimmst du ein Bad oder eine Dusche?

Puoi fare ~~impacchettare~~ le valigie?
Kannst du die Koffer packen?

Lorenza fa ~~chiude~~ amicizia velocemente.
Lorenza schließt schnell Bekanntschaften.

mettere
stellen, legen, setzen

Im Italienischen wird **mettere** in vielen Bereichen mit unterschiedlichen Bedeutungen verwendet, wo man im Deutschen sehr differenziert u. a. *setzen*, *legen* oder *stellen* benutzt. Suchen Sie daher kein besonderes Verb, sondern benutzen Sie einfach **mettere**!

Metti pure la bottiglia sul tavolo.
Stelle die Flasche ruhig auf den Tisch.

Mettete i cuscini sul letto!
Legt die Kissen auf das Bett!

Mettere wird auch mit *stecken*, *hängen* usw. übersetzt. In vielen Fällen würde jedoch auch im Italienischen das genaue Verb passen, jedoch nicht immer wie z. B. in folgenden Beispielen.

Oggi metto ~~vesto~~ il vestito blu e il cappello bianco.
Heute ziehe ich das blaue Kleid an und setze den weißen Hut auf.

Metti ~~Dai~~ ancora un po' di farina, l'impasto è troppo molle.
Gib noch ein bisschen Mehl dazu, der Teig ist zu weich.

Zoom su...

Das Verb **mettere** kommt in vielen Redewendungen vor, die auf Deutsch oft anders klingen. Hier ein paar Beispiele: **mettere in pratica** *(in die Tat umsetzen)*, **mettere in ordine** *(aufräumen)*, **mettere in dubbio** *(in Frage stellen)*, **mettere in pericolo** *(in Gefahr bringen)*.

Auch mit der Reflexivform **mettersi** sind ein paar Ausdrücke wichtig: **mettersi a lavorare** *(sich an die Arbeit machen)*, **mettersi in contatto** *(sich in Verbindung setzen)*, **mettersi in testa** *(sich etwas in den Kopf setzen)*.

passare
vorbeigehen/ -kommen/ -fahren

Passare hat zahlreiche Bedeutungen *(vorbeigehen/-fahren, durchgehen, übergehen, vergehen, reichen, passieren, verbringen, bestehen)*, aber in folgenden Fällen wird auf Deutsch ein anderes Verb verwendet, so dass man oft einen Fehler macht.

Che strada fai? – Io passo ~~vado~~ per il parco.
Welchen Weg nimmst du? – Ich gehe durch den Park.

Pronto, buongiorno, per favore mi può passare ~~dare~~ il signor Bianchi?
Hallo, guten Tag, können Sie mir bitte Herrn Bianchi geben?

prendere
nehmen

Prendere bedeutet in den meisten Fällen *nehmen, (er)greifen, fassen* oder *mitnehmen*. In bestimmten Kontexten wird **prendere** in Anlehnung an deutsche Strukturen teilweise falsch verwendet. Hier einige Beispiele.

Che voto hai preso ~~hai ricevuto~~?
Welche Note hast du bekommen?

Finalmente Ada ha preso ~~ha incontrato~~ una decisione!
Endlich hat Ada eine Entscheidung getroffen!

Ho preso ~~Mi sono tirato addosso~~ il raffreddore.
Ich habe mir eine Erkältung zugezogen.

Zoom su...

Mit **prendere** gibt es viele Ausdrücke, die man in Alltagssituationen verwendet, wie z. B. **prendere appunti** *(Notizen machen)*, **prendere piede** *(Fuß fassen)*, **prendere in affitto** *(mieten)*, **prendere freddo** *(sich erkälten)*, **prendere il sole** *(sich sonnen)*, **andare a prendere qualcuno** *(jdn. abholen)*.

provare
(an/aus) probieren

Provare hat viele Bedeutungen und wird auf Deutsch u. a. durch *versuchen*, *(an/aus)probieren*, *empfinden*, *proben* übersetzt.

Ho provato a chiamarti.
Ich habe versucht dich anzurufen.

Vorrei provare questa gonna, dove sono i camerini?
Ich möchte diesen Rock anprobieren, wo sind die Umkleidekabinen?

Cosa provi/senti per lui?
Was empfindest du für ihn?

In ein paar Fällen verwendet man auf Deutsch ganz andere Verben.

Prova ~~Costa~~ / Assaggia il ragù, è molto buono.
Koste das Ragout, es ist sehr lecker.

Il giudice non gli crede, deve provare ~~mostrare~~ che è innocente.
Der Richter glaubt ihm nicht, er muss beweisen, dass er unschuldig ist.

Ha passato ~~Ha superato~~ i 90 anni.
Er/Sie hat schon die 90 überschritten.

rendere
zurückgeben

Rendere bedeutet *zurückgeben* oder *wiedergeben*. Im Zusammenhang mit einem Adjektiv wird dieses Verb auf Deutsch durch *machen* übersetzt.

È un lavoro che rende ~~porta~~ poco.
Es ist eine Arbeit, die wenig einbringt.

Questo rumore mi rende ~~fa~~ nervoso.
Dieses Geräusch macht mich nervös.

superare
überschreiten, übertreffen

Superare bedeutet *übertreffen*, *überschreiten*, *überwinden*, *überholen*. Auch für dieses Verb kann man zu einer Verwechslung kommen.

Accellera, così superiamo ~~prendiamo~~ il camion.
Fahr schneller, so überholen wir den LKW.

togliere
wegnehmen

Togliere bedeutet im Allgemeinen *wegnehmen*. Abhängig vom Kontext kann dieses Verb weitere Bedeutungen haben, in manchen Zusammenhängen werden auf Deutsch komplett andere Verben verwendet.

Ho dovuto togliere ~~tirare~~ un dente.
Ich musste mir einen Zahn ziehen lassen.

Togliti ~~Svesti~~ il cappotto e siediti.
Zieh deinen Mantel aus und setz dich.

Hanno tolto ~~Hanno alzato~~ il divieto: si può circolare.
Man hat das Verbot aufgehoben: Man kann wieder fahren.

Grazie dell'aiuto, mi hai tolto ~~hai preso~~ un peso.
Danke für deine Hilfe, du hast mir eine Last genommen.

QUIZ

Verben

		A		B
1. Hai ____ una decisione?	❍	**A** preso	❍	**B** incontrato
2. Hanno ____ amicizia.	❍	**A** chiuso	❍	**B** fatto
3. Lei ____ trentacinque anni.	❍	**A** ha	❍	**B** è
4. Stasera ____ un bel bagno caldo.	❍	**A** prendo	❍	**B** faccio
5. Mi può ____ il direttore, per cortesia?	❍	**A** dare	❍	**B** passare
6. Buona idea! ____ una torta.	❍	**A** Cuciniamo	❍	**B** Facciamo
7. Quando hai ____ il primo figlio?	❍	**A** avuto	❍	**B** ricevuto
8. Chi vuole ____ una domanda?	❍	**A** mettere	❍	**B** fare
9. Ho una camera tranquilla che ____ sul cortile interno.	❍	**A** va	❍	**B** dà
10. Dai, stasera non ____ ancora i jeans! Cambiati!	❍	**A** mettere	❍	**B** vestire
11. Purtroppo ____ l'influenza…	❍	**A** mi sono tirato addosso	❍	**B** ho preso
12. Oggi mi ____ un dente del giudizio! Chissà che male!	❍	**A** tirano	❍	**B** tolgono

Lösungen

1. A, 2. B, 3. A, 4. B, 5. B, 6. B, 7. A,
8. B, 9. B, 10. A, 11. B, 12. B

WORTSCHATZ UND WORTBILDUNG

Präfixe und Suffixe

ri-/re-
wieder

Die Präfixe **ri-** und **re-** entsprechen oft im Deutschen dem Präfix *wieder-*.

cominciare – ricominciare
anfangen – wieder anfangen

vedere – rivedere
sehen – wiedersehen

Doch manchmal ändern die Präfixe **ri-** und **re-** leicht die Bedeutung eines Wortes, wie z. B. **produrre – riprodurre** *(produzieren – vervielfältigen)*, **distribuire – redistribuire** *(verteilen – neuverteilen)*.

Achtung! **Ri-** und **re-** sind nicht immer Präfixe, sondern sie können einfach Teil eines Wortes sein, z. B. **rispettare** *(respektieren)* oder **regolare** *(regeln)*.

s-
un-

Durch das Präfix **s-** kann ein Adjektiv, Substantiv oder Verb eine negative Bedeutung erhalten. Meistens entspricht das Präfix **s-** dem deutschen Präfix *un-*, allerdings nicht immer.

conosciuto – sconosciuto *(bekannt – unbekannt)*, **contento – scontento** *(zufrieden – unzufrieden)*, **mentire – smentire** *(lügen – dementieren)*, **consigliare – sconsigliare** *(raten – abraten)*, **congelare – scongelare** *(einfrieren – auftauen)*, **fiducia – sfiducia** *(Vertrauen – Misstrauen)*

Achtung! **S-** ist nicht immer ein Präfix, es kann einfach Teil eines Wortes sein, z. B. **la scadenza** *(Fälligkeit)*, **stressante** *(stressig)* oder **spruzzare** *(spritzen)*.

in- (il-, im-, ir-)
un- / in- (il-, im-, ir-)

Auch durch das Präfix **in-** kann das Adjektiv, Verb oder Substantiv im Italienischen eine negative Bedeutung bekommen. Das Präfix **in-** entspricht oft im Deutschen dem Präfix *un-* bzw. den Präfixen *in-/im-*, *il-* und *ir-*.

felice – **infelice** *(glücklich – unglücklich)*, **visibile** – **invisibile** *(sichtbar – unsichtbar)*, **attivo** – **inattivo** *(aktiv – inaktiv)*

Vor Wörtern, die mit **l**, **m** und **r** beginnen, wird **in-** zu **il-**, **im-** und **ir-**.

leggibile – **illeggibile** *(lesbar – unlesbar)*, **legale** – **illegale** *(legal – illegal)*

mortale – **immortale** *(sterblich – unsterblich)*, **materiale** – **immateriale** *(materiell – immateriell)*

regolare – **irregolare** *(regelmäßig – unregelmäßig)*, **reale** – **irreale** *(real – irreal)*

Vor Wörtern, die mit **b** und **p** beginnen, wird **in-** zu **im-**.

potente – **impotente** *(potent – impotent)*, **bevibile** – **imbevibile** *(trinkbar – untrinkbar)*

Achtung! **In-**, **im-**, **il-** und **ir-** sind nicht immer Präfixe, sondern sie können auch einfach Teil eines Wortes sein: **l'intero** *(das Ganze)*, **interessante** *(interessant)*, **ingoiare** *(verschlingen)*, **l'imbarazzo** *(die Verlegenheit)*, **improvviso** *(plötzlich)*, **immaginare** *(vorstellen)*, **l'illusione** *(die Illusion)*, **illustrato** *(illustriert)*, **illuminare** *(beleuchten)*, **l'irrigazione** *(die Bewässerung)*, **irritabile** *(reizbar)*, **irrobustire** *(stärken)*.

a-/an-, dis-
a-/an-, un-

Die Präfixe **a-/an-** und **dis-** entsprechen oft im Deutschen den Präfixen *a-/an-* und *un-*, es gibt ein paar Ausnahmen, die Bedeutung bleibt jedoch verneint.

simmetrico – **asimmetrico** *(symmetrisch – asymmetrisch)*, **sociale** – **asociale** *(sozial – asozial)*, **alcolico** – **analcolico** *(alkoholisch – alkoholfrei)*

organizzato – **disorganizzato** *(organisiert – unorganisiert)*, **occupato** – **disoccupato** *(beschäftigt – arbeitslos)*, **accordo** – **disaccordo** *(Einigkeit – Uneinigkeit)*, **dire** – **disdire** *(sagen – absagen)*

Achtung! Nicht alle Wörter, die mit **a-/an-** und **dis-** beginnen, enthalten ein Präfix: **l'azione** *(die Handlung)*, **agiato** *(wohlhabend)*, **assegnare** *(zuteilen)*, **la distruzione** *(die Zerstörung)*, **disponibile** *(verfügbar)*, **disegnare** *(zeichnen)*.

Zoom su...

Es gibt Präfixe, die die Intensität des Substantivs, Adjektivs, Adverbs oder Verbs verstärken. Einige davon sind z. B. **stra-**, **super-**, **iper-**.

strabello, stragrande, stracotto, stracolmo – *megaschön, supergroß, verkocht, supervoll*

superveloce, superintelligente – *blitzschnell, hyperintelligent*

iperattivo, ipersensibile – *hyperaktiv, hypersensibel*

Auch **supermercato** *(Supermarkt)* und **ipermercato** *(großer Supermarkt)* bestehen aus einem Präfix und dem Wort **mercato** *(Markt)*.

Attenzione!

Im Italienischen sind auch, wie im Deutschen, viele Suffixe (Nachsilben) zu finden. Bei der Wortbildung können ähnliche Endungen in beiden Sprachen als Fehlerquelle dienen.

Hier einige Beispiele: **attrazione** ~~attrattività~~ – *Attraktivität*, **autografo** ~~autogrammo~~ – *Autogramm*, **catastrofico** ~~catastrofale~~ – *katastrophal*, **compositore** ~~componista~~ – *Komponist*, **tastiera** ~~tastatura~~ – *Tastatur*, **finanziario** ~~finanziale~~ – *finanziell*, **audiovisivo** ~~audiovisuale~~ – *audiovisuell*, **imponente** ~~imposante~~ – *imposant*, **produttore** ~~producente~~ – *Produzent*, **consumatore** ~~consumente~~ – *Konsument*, **decodificare** ~~decodire~~ – *dekodieren*.

Endungen auf *-ierung* werden oft auf Italienisch auf **-a** (**nomina** – *Nominierung*), die auf *-imum* auf **-imo** (**minimo** – *Minimum*), die auf *-gen* auf **-geneo** (**fotogeneo** – *fotogen*) und die auf *-tat* auf **-azione** (**citazione** – *Zitat*) übersetzt.

QUIZ

Präfixe und Suffixe

1. Questo verbo è ____. ❍ A irregolare ❍ B unregolare
2. È una situazione ____. ❍ A catastrofale ❍ B catastrofica
3. La tua scrittura è ____. ❍ A inleggibile ❍ B illeggibile
4. Ho l'____ di David Bowie! ❍ A autogramma ❍ B autografo
5. Uffa, ____ a piovere. Aveva appena smesso. ❍ A ricomincia ❍ B comincia

Lösungen

1. A, 2. B, 3. B, 4. B, 5. A

GRAMMATIK

Aussage- und Fragesätze

Si chiama Laura.
Sie heißt Laura.

Si chiama Laura?
Heißt sie Laura?

Im Italienischen können Fragesätze ohne Fragewort genau die gleiche Satzstellung haben wie Aussagesätze. Damit man merkt, dass es eine Frage ist, muss der Satz mit der entsprechenden Intonation ausgesprochen werden.

Am Ende eines Aussagesatzes wird die Stimme gesenkt, am Ende eines Fragesatzes gehoben.

Questo dolce è buono.
Dieser Kuchen schmeckt gut.

Questo dolce è buono?
Schmeckt dieser Kuchen gut?

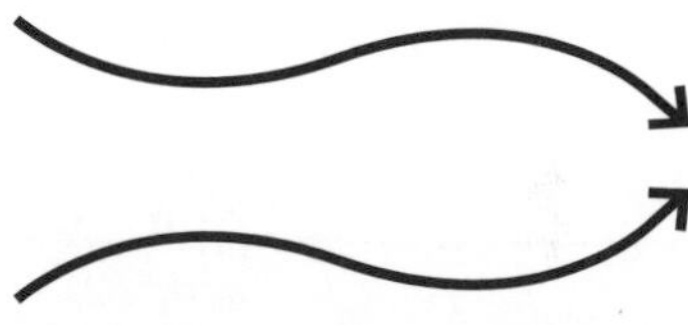

Attenzione!

Fragewort und Verb bilden eine Einheit und dürfen im Gegensatz zum Deutschen nie getrennt werden. Allerdings kann das Subjekt am Satzanfang oder -ende stehen.

Dove va Chiara. / Chiara dove va? – *Wohin geht Chiara?*

Attenzione!

Im Italienischen lässt man in der Regel das Subjektpronomen weg, da dieses bereits aus der Endung des Verbs ersichtlich ist. Das Subjektpronomen wird jedoch verwendet, wenn man es hervorheben will, d. h. in Gegenüberstellungen, wenn man Missverständnisse vermeiden will, wenn man etwas betonen will, oder nach **anche** *(auch)*.

Lui è belga, lei è tedesca. – *Er ist Belgier, sie ist Deutsche.*

Lei che lavoro fa? – *Was ist sie (und nicht er) von Beruf?*

Viene anche lui? – *Kommt er auch mit?*

Einfache und doppelte Verneinung

no – non
nein – nicht, kein

No heißt *nein* – ganz einfach!

Die italienische Sprache unterscheidet sich bei der Verneinung von der deutschen: **non** steht immer VOR dem konjugierten Verb.

No, mi dispiace, ma non sono d'accordo.
Nein, es tut mir leid, aber ich bin nicht einverstanden.

Wenn ein Pronomen im Satz vorkommt, wird **non** unmittelbar vor das Pronomen gesetzt.

La borsa è troppo cara, non la compro.
Die Tasche ist zu teuer, ich kaufe sie nicht.

Non entspricht auch dem deutschen *kein.*

Non ho fame, ho mangiato tanto a pranzo.
Ich habe keinen Hunger, ich habe zu viel zu Mittag gegessen.

Attenzione!

Nach Verben des Denkens und des Hoffens wie z. B. **pensare** *(denken)*, **credere** *(glauben)*, **sperare** *(hoffen)* folgt **di no.**

Credo/Penso/Spero di no. – *Ich glaube/denke/hoffe nicht.*

Attenzione!

Wenn man am Ende seiner Aussage ein **(o) no?** *(oder? / nicht wahr?)* anhängt, dann verlangt man eine Bestätigung, und zwar eine positive!

Hai letto il libro, no? – *Du hast das Buch gelesen, nicht wahr?*

non... niente/ nulla
nichts

non... nessuno
niemand, keiner

non... mai
nie

non... più
nicht mehr

non... ancora
noch nicht

Im Gegensatz zum Deutschen wird im Italienischen doppelt verneint. Die doppelte Verneinung bildet man häufig mit **non** + Verb + **niente/nulla, nessuno, mai, più, ancora.**

Luigi non ha niente da fare.
Luigi hat nichts zu tun.

È timida, non parla con nessuno.
Sie ist schüchtern, sie spricht mit niemandem.

Carlo è pigro e non fa mai sport.
Carlo ist faul und treibt nie Sport.

Non mi ricordo più la ricetta.
Ich erinnere mich nicht mehr an das Rezept.

Non hanno ancora telefonato.
Sie haben noch nicht angerufen.

Attenzione!

Im Gegensatz zum Deutschen können die Adverbien **mai, niente, nessuno** auch zusammenstehen.

→ **mai niente** = *nie etwas (wörtl.: nie nichts)*: **Non ha mai letto niente.** – *Er/Sie hat nie etwas gelesen.*

→ **niente a nessuno** = *niemandem etwas (wörtl.: niemandem nichts)*: **Non regala niente a nessuno.** – *Er/Sie schenkt niemandem etwas.*

Attenzione!

Wenn **nessuno** oder **niente/nulla** vor dem Verb stehen, steht kein **non** im Satz.

Nessuno ~~non~~ ha detto di sì. – *Niemand hat ja gesagt.*

Niente ~~non~~ era uguale a prima. – *Nichts war wie früher.*

non... nemmeno/ neanche/ neppure
auch nicht, nicht einmal

Die doppelte Verneinung bildet man auch mit **non** + Verb + folgenden Ausdrücken: **nemmeno/neppure/neanche, né... né..., affatto / per niente**. Diese Ausdrücke sind allerdings etwas gehobener als **più**, **mai**, **niente** usw.

È arrabbiata, non parla neppure con lui.
Sie ist verärgert, sie spricht nicht einmal mit ihm.

non... né... né...
weder ... noch ...

Cristina non mangia né uova né formaggio.
Cristina isst weder Eier noch Käse.

non... affatto / per niente
ganz und gar nicht

Non mi piace per niente.
Es gefällt mir ganz und gar nicht.

Attenzione!

Per niente kann auch *vergeben* und *umsonst* bedeuten, je nach Kontext.

Sara non ha studiato per niente / affatto e ha preso un brutto voto. – *Sara hat gar nichts gelernt und hat eine schlechte Note bekommen.*

Sara non ha studiato per niente, l'hanno interrogata. – *Sara hat nicht umsonst gelernt, sie wurde abgefragt.*

Sara ha studiato per niente, non l'hanno interrogata. – *Sara hat umsonst gelernt, sie wurde nicht abgefragt.*

Attenzione!

In der gesprochenen Sprache ist auch die doppelte Verneinung mit **mica** *(keineswegs, doch nicht, überhaupt nicht)* zu hören. **Mica** verstärkt das **non**.

Sei vestita troppo leggera. Non fa mica caldo! – *Du bist zu dünn angezogen. Es ist doch nicht warm!*

Der Nebensatz

Vado a dormire perché sono stanco.
Ich gehe schlafen, weil ich müde bin.

Ein Nebensatz ist ein Teilsatz, der vom Hauptsatz abhängt. Er steht oft nach dem Hauptsatz, kann jedoch auch davor stehen. Wichtig ist es, dass er nie allein steht – auch im Italienischen!

Einen großen Unterschied zwischen Deutsch und Italienisch gibt es aber: Ein Merkmal von Nebensätzen im Deutschen ist, dass das konjugierte Verb am Satzende steht. Im Italienischen dagegen ist die Satzstellung in Haupt- und Nebensatz identisch. Im Nebensatz steht das Verb immer hinter der Konjunktion oder dem Relativpronomen. Ganz einfach also!

Sono rientrato tardi perché sono stato ad una festa da amici ~~perché ad una festa da amici sono stato~~.
Ich bin spät zurückgekehrt, weil ich auf einer Party bei Freunden war.

Mi ha telefonato Gloria che adesso vive in Spagna ~~che adesso in Spagna vive~~.
Gloria, die jetzt in Spanien lebt, hat mich angerufen.

Achtung! Im Deutschen trennt ein Komma immer Haupt- und Nebensatz, im Italienischen ist die Kommasetzung freier und oft werden Kommas vor und nach Nebensätzen weggelassen.

Attenzione!

Wie auf Deutsch gibt es auch im Italienischen Infinitivsätze. Es handelt sich um Nebensätze, die mit einem Infinitiv stehen. Auch in diesem Fall steht das Verb im Infinitiv am Anfang des Nebensatzes.

Riuscirete a finire il lavoro entro stasera? – *Werdet ihr es schaffen, die Arbeit bis heute Abend zu beenden?*

Nebensätze: der Relativsatz mit che und cui

Hai visto gli occhiali che erano sul tavolo?
Hast du die Brille, die auf dem Tisch lag, gesehen?

Ein Relativsatz ist ein Nebensatz, der durch ein Relativpronomen mit dem Hauptsatz verbunden ist. Im Italienischen werden die Relativpronomen *der, die, das, den* schlicht und einfach zu **che**. **Che** ist unveränderlich, bezieht sich auf Personen und Sachen und kann Subjekt sowie Objekt sein.

Il presidente che ha firmato il contratto adesso è in pensione.
Der Präsident, der den Vertrag unterschrieben hat, ist jetzt in Rente.

Le mele che ho comprato sono molto succose.
Die Äpfel, die ich gekauft habe, sind sehr saftig.

Attenzione!

Ganz einfach! Die Konjunktion *dass* wird auf Italienisch auch mit **che** wiedergegeben.

Marco ha detto che non può venire. – *Marco hat gesagt, dass er nicht kommen kann.*

So che Giovanna ha sempre molto da fare. – *Ich weiß, dass Giovanna immer viel zu tun hat.*

Il collega di cui ti parlavo…
Der Kollege, von dem ich dir erzählt habe, …

Relativsätze können auch mit dem Relativpronomen **cui** verbunden werden. Wie **che** ist auch **cui** unveränderlich, bezieht sich auf Personen und Dinge, wird aber meist nach Präpositionen verwendet: **di cui, a cui, da cui, in cui, con cui, su cui, per cui, tra/fra cui.** Um zu wissen, welche Präposition man braucht, muss man wissen, welche Präposition das Verb verlangt, z. B. **lavorare con qualcuno** *(mit jemandem arbeiten)*, **rivolgersi a qualcuno** *(sich an jemanden wenden)* usw.

La persona con cui lavoro è davvero competente.
Die Person, mit der ich arbeite, ist wirklich kompetent.

L'ufficio in cui lavori è troppo piccolo.
Das Büro, in dem du arbeitest, ist zu klein.

Lui è il commercialista a cui ti puoi rivolgere.
Er ist der Steuerberater, an den du dich wenden kannst.

Attenzione!

Wenn man einen Relativsatz mit *deren* oder *dessen* bilden möchte, dann steht vor **cui** der bestimmte Artikel.

Ha una posizione, il cui ruolo non è ben chiaro. – *Er/Sie hat eine Stelle, deren Rolle nicht ganz klar ist.*

Sono innamorato di Milena, ___ penso giorno e notte!

A che
B a cui

Nebensätze: der Bedingungssatz (se-Satz)

Se piove, non esco.
Wenn es regnet, gehe ich nicht aus.

Se piove, resterò a casa.
Wenn es regnet, werde ich zu Hause bleiben.

Se piove, resta a casa!
Wenn es regnet, bleibe zu Hause!

Der Bedingungssatz (**il periodo ipotetico**) entspricht dem deutschen *wenn/falls ... dann*-Satz. Auf Italienisch steht die Bedingung bzw. die Voraussetzung nach **se** *(wenn/falls)*, es folgt dann das Folgeereignis.

Es gibt drei Arten von Bedingungssätzen: **il periodo ipotetico della realtà** (reale Hypothese), **della possibilità** (mögliche Hypothese) und **della irrealtà** (irreale Hypothese).

Spricht man von einer realen Hypothese, sind Bedingung und Folge real und erfüllbar. Nach **se** steht das Verb im Indikativ Präsens, das Folgeereignis steht auch im Indikativ Präsens, Futur oder im Imperativ.

Vorsicht: Übersetzen Sie *wenn* NICHT mit **quando**, sondern mit **se**!

Se ~~Quando~~ fai sport, ti senti meglio.
Wenn/Falls du Sport machst, fühlst du dich besser.

Se ~~Quando~~ decido di venire, te lo farò sapere.
Wenn/Falls ich entscheide zu kommen, werde ich es dich wissen lassen.

Se ~~Quando~~ vai in Italia, parla italiano!
Wenn/Falls du nach Italien fährst, sprich Italienisch!

Attenzione!

Vorsicht! Wenn kann **se** und **quando** sein. **Se** weist auf eine Bedingung, **quando** auf einen Temporalsatz (für weitere Hinweise zu **se – quando** s. Kapitel *Wortschatz und Wortbildung: Häufig verwechselte Wörter*).

Lösung Blitzquiz
B

Zoom su...

Die Zukunft kann man oft nicht steuern. Hierzu lautet ein italienisches Sprichwort: **Se son rose fioriranno, se son spine pungeranno.** – *Wenn es Rosen sind, werden sie blühen, wenn es Dornen sind, werden sie stechen.*

Se non piovesse, uscirei.
Wenn es nicht regnen würde, würde ich ausgehen.

Die zweite Art von Bedingungssatz ist die mögliche Hypothese. Die Bedingung ist erfüllbar oder wahrscheinlich und die Folge kann möglich sein. Die Bedingung wird durch **se** und das Verb im Congiuntivo imperfetto eingeführt, die Folge steht im Condizionale presente. Achten Sie hier darauf, nach **se** den Congiuntivo imperfetto zu verwenden!

Se facessi ~~farei~~ sport, ti sentiresti meglio.
Wenn du Sport machen würdest, würdest du dich besser fühlen.

Die gleichen Verbformen verwendet man auch im Bezug zur Gegenwart, um etwas, das unrealisierbar ist, auszudrücken.

Se fossi ~~sarei~~ più alta, questo vestito mi starebbe bene.
Wenn ich größer wäre, würde mir dieses Kleid gut stehen.

Buono a sapersi!

Der Sänger Lorenzo Baglioni erklärt in seinem Lied „Il congiuntivo“ auf eine lustige Art, dass in Bedingungssätzen der Congiuntivo steht. Das Video zum Lied zeigt einen jungen verliebten Mann, der einer Frau eine schriftliche Liebeserklärung macht, leider jedoch grammatikalisch falsch: ~~Se io starei con te, sarei felice.~~ anstatt **Se io stessi con te, sarei felice.** – *Wenn ich mit dir zusammen wäre, wäre ich glücklich.* Daher geht es mit der Beziehung alles schief. Er muss den Congiuntivo lernen, um die Frau wieder zu „erobern“!

Tipp: Lernen Sie auch den Congiuntivo!

Se ci fosse stato il sole, sarei uscito.
Wenn die Sonne geschienen hätte, wäre ich ausgegangen.

Hat man eine irreale Hypothese und bezieht sich der Bedingungssatz auf die Vergangenheit, sind die Bedingung sowie die Folge nicht erfüllbar. Die Bedingung wird durch **se** und das Verb im Congiuntivo trapassato eingeführt, die Folge steht im Condizionale passato. Auch hier ist es wichtig, nach **se** den Congiuntivo trapassato zu verwenden!

Se lo avessi saputo ~~avrei saputo~~, non sarei venuta.
Wenn ich das gewusst hätte, wäre ich nicht gekommen.

Attenzione!

Achtung! Anders als im Deutschen steht im Bedingungssatz direkt nach **se** nie der Condizionale!

Se fossi ~~sarei~~ in te, … – *Wenn ich du wäre, ...*

Se fossi andato/-a ~~sarei andato/-a~~, … – *Wenn ich gegangen wäre, …*

Zoom su...

Man kann den Congiuntivo und den Condizionale durch ein einfaches Spiel üben, indem man phantasievolle Sätze ergänzt: **Se fossi un fiore, sarei ...** – *Wenn ich eine Blume wäre, wäre ich ...* / **Se fossi un cane, mangerei ...** – *Wenn ich ein Hund wäre, würde ich ... essen* / **Se fossi ricco, comprerei ...** – *Wenn ich reich wäre, würde ich ... kaufen* / **Se avessi tempo, farei ...** – *Wenn ich Zeit hätte, würde ich ... machen* usw.

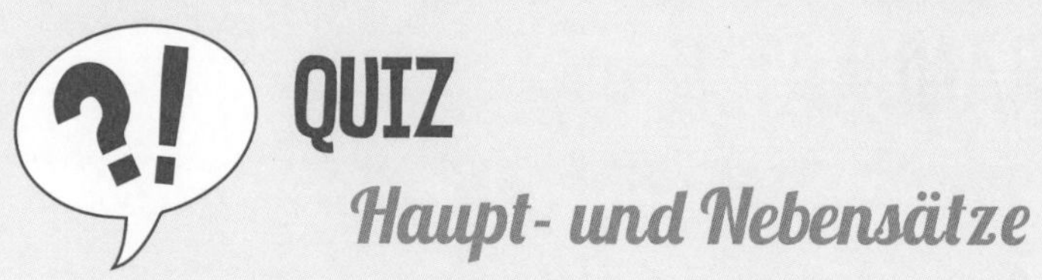

QUIZ
Haupt- und Nebensätze

1. Viene anche Alessia ____ A me farebbe molto piacere!	❍ A .	❍ B ?
2. Stanotte ____ dormito bene.	❍ A no ho	❍ B non ho
3. Tiziano ____ scritto.	❍ A non ha più	❍ B non più ha
4. Laura ____ gli esercizi.	❍ A non fa mai	❍ B fa mai
5. La ditta ____ lavoro è moderna.	❍ A a cui	❍ B per cui
6. Il libro ____ sto leggendo è avvincente.	❍ A che	❍ B il cui
7. Non sapevo ____ fossi così giovane.	❍ A cui	❍ B che
8. ____ piove, non uscirò.	❍ A Se	❍ B Quando
9. Se hai tempo, ____ un caffè al bar.	❍ A beviamo	❍ B berremmo
10. Se ci fosse il sole, ____ una passeggiata.	❍ A facessi	❍ B farei
11. Se ____ la macchina, sarei arrivata prima.	❍ A avessi avuto	❍ B avrei avuto
12. ____ alla lotteria, se avrà fortuna.	❍ A Vincerebbe	❍ B Vincerà

Lösungen
1. B, 2. B, 3. A, 4. A, 5. B, 6. A, 7. B, 8. A, 9. A, 10. B, 11. A, 12. B

GRAMMATIK

Das Substantiv: besondere Fälle bei der Pluralbildung

la mano – le mani
die Hand – die Hände

Nur wenige Substantive auf **-o** sind weiblich, zu dieser Kategorie gehört jedoch das häufig verwendete Wort **la mano** *(die Hand)*, dessen Plural **le mani** lautet.

Alzi la mano chi sa la risposta.
Wer die Antwort kennt, hebe die Hand.

Ti sei lavato le mani?
Hast du dir die Hände gewaschen?

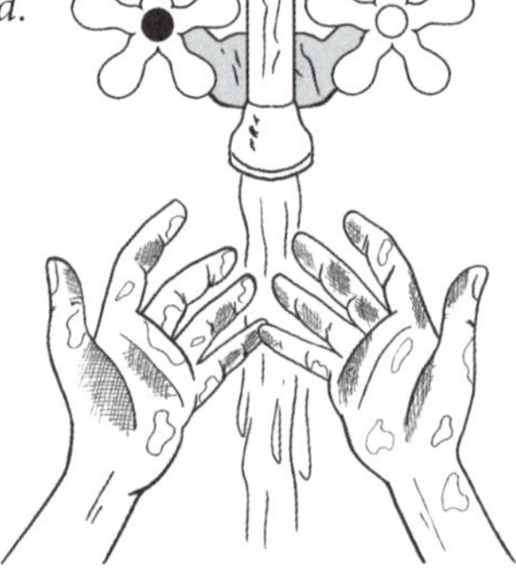

Attenzione!

Nicht nur **la mano**! Viele Körperteile weisen Besonderheiten im Plural auf.

il braccio – le braccia – *der Arm – die Arme*
il dito – le dita – *der Finger – die Finger*
il ginocchio – le ginocchia – *das Knie – die Knie*
l'orecchio – le orecchie – *das Ohr – die Ohren*
il labbro – le labbra – *die Lippe – die Lippen*
il ciglio – le ciglia – *die Wimper – die Wimpern*
il sopracciglio – le sopracciglia – *die Augenbraue – die Augenbrauen*

il problema - i problemi
das Problem - die Probleme

Es gibt auch Substantive auf **-a**, die männlich sind. Ein Beispiel ist **il problema** *(das Problem)*. Diese Substantive bilden den Plural auf **-i**: **i problemi** *(die Probleme)*.

Cerca di risolvere un problema alla volta!
Versuch ein Problem nach dem anderen zu lösen!

Zoom su...

Männliche Substantive auf **-a** sind ziemlich häufig zu finden. Hier eine kleine Auswahl: **il diploma – i diplomi** *(das Diplom)*, **il pigiama – i pigiami** *(der Pyjama)*, **il poeta – i poeti** *(der Dichter)*, **il programma – i programmi** *(das Programm)*, **il sistema – i sistemi** *(das System)*, **il teorema – i teoremi** *(das Theorem)*, **il tema – i temi** *(das Thema)*.

Attenzione!

Einige Substantive bilden einen unregelmäßigen Plural, den man auswendig lernen muss.

il dio – gli dei – *der Gott – die Götter*
il tempio – i templi – *der Tempel – die Tempel*
l'uomo – gli uomini – *der Mann / der Mensch – die Männer / die Menschen*

Eine besondere Ausnahme ist **l'uovo** *(das Ei)*, das im Plural weiblich wird: **le uova** *(die Eier)*.

il bar - i bar
das Café - die Cafés

Das Substantiv **bar** endet auf einem Konsonanten. Alle Substantive, die auf Konsonanten enden – meistens Wörter, die aus anderen Sprachen übernommen wurden – bleiben im Plural unverändert. Der Artikel wird allerdings in den Plural gesetzt.

Ti va di prendere un caffè al bar?
Was hältst du davon, einen Kaffee im Café zu trinken?

I bar del centro sono molto accoglienti.
Die Cafés im Zentrum sind sehr gemütlich.

Zoom su...

Substantive, die auf Konsonanten enden und im Plural unverändert bleiben, sind zahlreich. Hier eine kleine Auswahl: **l'/gli autobus** *(der Bus)*, **il/i computer** *(der Computer)*, **l'/le e-mail** *(die E-Mail)*, **l'/gli hotel** *(das Hotel)*, **il/i meeting** *(das Meeting)*, **il/i team** *(das Team)*, **il/i weekend** *(das Wochenende)*.

la città - le città
die Stadt - die Städte

Città heißt *Stadt*. Am Wortende ist ein Akzent und alle Wörter mit Akzent, unabhängig ob männlich oder weiblich, bleiben im Plural unverändert. Der Artikel muss allerdings geändert werden.

Bologna è una città fantastica.
Bologna ist eine fantastische Stadt.

In Italia ci sono tante belle città da visitare.
In Italien gibt es viele schöne Städte zu besichtigen.

Zoom su...

Hier eine Liste von einigen Substantiven, die den Akzent am Ende des Wortes haben und im Plural unverändert bleiben: **il/i caffè** *(der Kaffee)*, **l'/le unità** *(die Einheit)*, **l'/le università** *(die Universität)*, **la/le qualità** *(die Qualität)*, **la/le verità** *(die Wahrheit)*, **il/i comò** *(die Kommode)*, **il/i tabù** *(das Tabu)*.

Lösung Blitzquiz
B

la foto(grafia) – le foto(grafie)
die Fotografie – die Fotografien

La fotografia heißt *die Fotografie*. Das Wort wird oft abgekürzt, d. h. es wird nur **la foto** gesagt. Alle abgekürzten Wörter bleiben im Plural unverändert.

Guarda che bella foto che ho fatto!
Schau mal, was für ein schönes Foto ich gemacht habe!

Ho un album con tutte le foto del fine settimana a Venezia.
Ich habe ein Fotoalbum mit allen Bildern vom Wochenende in Venedig.

Zoom su...

Hier eine Liste von einigen Substantiven, die man oft im Singular und Plural in der abgekürzten Form hört: **l'auto(mobile) – le auto(mobili)** *(das Auto)*, **la bici(cletta) – le bici(clette)** *(das Fahrrad)*, **il frigo(rifero) – i frigo(riferi)** *(der Kühlschrank)*, **la moto(cicletta) – le moto(ciclette)** *(das Motorrad)*.

Buono a sapersi!

In der gesprochenen Sprache sind weitere Abkürzungen zu hören. **La tele** für **la televisione** *(der Fernseher)* oder **il/la prof** für **il professore / la professoressa** *(der Lehrer / die Lehrerin)* sind Beispiele, die unabhängig vom Alter zu hören sind. Es gibt jedoch Abkürzungen, die eher in der Jugendsprache bekannt und oft nicht überall im Land verbreitet sind, auch wenn Komiker und Moderatoren dazu beitragen, diese Formen zu verbreiten. Dazu gehören zum Beispiel **tranqui** für **tranquillo** *(ruhig/locker)* oder **raga** für **ragazzo/ragazza** bzw. **ragazzi/ragazze** *(Junge(n)/Mädchen)*.

BLITZQUIZ

Ti va di fare un giro con ___ nuove?

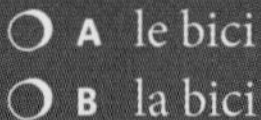

- A le bici
- B la bici

Das Substantiv: Ausnahmen bei der Pluralbildung

il cuoco – i cuochi
der Koch – die Köche

il lago – i laghi
der See – die Seen

Männliche Substantive auf -**co** bzw. -**go** mit Betonung auf der vorletzten Silbe bilden den Plural auf -**chi** bzw. -**ghi**, wie z. B. **il cuoco – i cuochi** *(der Koch)*, **il gioco – i giochi** *(das Spiel)*, **il fuoco – i fuochi** *(das Feuer)*, **il lago – i laghi** *(der See)*, **il fango – i fanghi** *(der Schlamm)*.

La squadra di giovani cuochi ha cucinato polenta e funghi.
Die junge Kochmannschaft hat Polenta mit Pilzen gekocht.

Gli alberghi sono vicino a due piccoli laghi.
Die Hotels sind in der Nähe von zwei kleinen Seen.

Attenzione!

Einige Ausnahmen: **l'amico – gli amici** *(der Freund)*, **il greco – i greci** *(der Grieche)*, **il nemico – i nemici** *(der Feind)*.

il medico – i medici
der Arzt – die Ärzte

l'asparago – gli asparagi
der Spargel – die Spargel

Männliche Substantive auf -**co** bzw. -**go** mit Betonung auf der drittletzten Silbe bilden den Plural auf -**ci** bzw. -**gi**, wie z. B. **il medico – i medici** *(der Arzt)*, **il monaco – i monaci** *(der Mönch)*, **l'equivoco – gli equivoci** *(das Missverständnis)*, **l'asparago – gli asparagi** *(der Spargel)*.

I medici gli hanno prescritto una medicina naturale a base di estratto di asparagi.
Die Ärzte haben ihm ein Naturheilmittel aus Spargelextrakt verschrieben.

Lösung Blitzquiz
A

Attenzione!

Einige Ausnahmen: **il carico – i carichi** *(die Ladung)*, **l'incarico – gli incarichi** *(der Auftrag)*, **l'obbligo – gli obblighi** *(die Pflicht)*, **il profugo – i profughi** *(der Flüchtling)*, **il naufrago – i naufraghi** *(der Schiffbrüchige)*.

l'archeologo – gli archeologi
der Archäologe – die Archäologen

il dialogo – i dialoghi
der Dialog – die Dialoge

Der Plural der Substantive auf **-logo** lautet:

- **-logi** bei Personenbezeichnungen: **l'archeologo – gli archeologi** *(der Archäologe)*, **l'astrologo – gli astrologi** *(der Astrologe)*, **lo psicologo – gli psicologi** *(der Psychologe)*, **il teologo – i teologi** *(der Theologe)*.

Gli archeologi hanno trovato dei vasi greci.
Die Archäologen haben griechische Vasen gefunden.

- **-loghi** bei Sachen oder abstrakten Begriffen: **il dialogo – i dialoghi** *(der Dialog)*, **il monologo – i monologhi** *(der Monolog)*, **il catalogo – i cataloghi** *(der Katalog)*.

Ma ti rendi conto? Che dialoghi facciamo? Sono monologhi!
Aber schau doch mal! Was für Dialoge führen wir? Das sind Monologe!

Attenzione!

Weibliche Substantive auf **-ca**, **-ga** sowie auch **-loga** bilden immer den Plural auf **-che** bzw. **-ghe**: **l'amica – le amiche** *(die Freundin)*, **la collega – le colleghe** *(die Kollegin)*, **la psicologa – le psicologhe** *(die Psychologin)*, **la lumaca – le lumache** *(die Schnecke)*, **l'alga – le alghe** *(die Alge)*.

BLITZQUIZ

Guarda questi cata___, magari trovi qualcosa di interessante!

- ❍ A -logi
- ❍ B -loghi

l'arancia - le arance
die Orange - die Orangen

la camicia - le camicie
das Hemd - die Hemde

Substantive auf -**cia** und -**gia**, die nicht auf dem **i** dieser Silbe betont sind, bilden den Plural

- auf -**ce** bzw. -**ge,** wenn dem -**c**- oder dem -**g**- ein weiterer Konsonant vorausgeht: **l'arancia – le arance** *(die Orange)*, **la provincia – le province** *(die Provinz)*, **la freccia – le frecce** *(der Pfeil)*, **la pioggia – le piogge** *(der Regen)*, **la spiaggia – le spiagge** *(der Strand)*.

Al mercato devo comprare un chilo di arance.
Auf dem Markt muss ich ein Kilo Orangen kaufen.

- auf -**cie** bzw. -**gie**, wenn ein Vokal vorausgeht: **la camicia – le camicie** *(das Hemd)*, **la socia – le socie** *(die Gesellschafterin)*, **la ciliegia – le ciliegie** *(die Kirsche)*, **la valigia – le valigie** *(der Koffer)*.

Le ciliegie quest'anno sono dolcissime.
Die Kirschen sind dieses Jahr sehr süß.

Attenzione!

Ist der **i** der letzten Silbe -**cia** oder -**gia** betont, bleibt der Plural auf -**cie** bzw. -**gie: la farmacia – le farmacie** *(die Apotheke)*, **l'allergia – le allergie** *(die Allergie)*.

Zoom su...

Der Plural von **la camicia** *(Hemd)* ist **le camicie**. Das Wort **camice** klingt ähnlich, ist aber männlich **(il camice – i camici)** und bedeutet *Kittel*.

Lösung Blitzquiz
B

Buono a sapersi!

Neben den Pluralformen nach den oben beschriebenen Regeln sind weitere Alternativschreibweisen akzeptiert. Das ist zum Beispiel der Fall bei **le ciliege** oder **le valige** ohne **i** oder **le provincie** mit **i**. Es hängt von der Etymologie des Wortes ab. Sie müssen jedoch wissen, dass diese Doppelschreibweise nicht für alle Wörter gilt!

l'armadio – gli armadi
der Schrank – die Schränke

Substantive auf **-io** mit unbetontem **-i-** bilden den Plural auf **-i**, wie z. B. **l'armadio – gli armadi** *(der Schrank)*, **l'olio – gli oli** *(das Öl)*.

Vendesi armadi antichi!
Antike Schränke zu verkaufen!

Bei Substantiven mit betontem **-i-** ist der Plural regelmäßig: **lo zio – gli zii** *(der Onkel)*, **il formicolio – i formicolii** *(das Kribbeln)*.

Invitiamo anche gli zii.
Wir laden auch die Onkel / den Onkel und die Tante ein.

Attenzione!

Meist gelten die Regeln für die Pluralbildung der Substantive auch für die Adjektive, die die obigen Endungen haben.

antico – antichi – antica – antiche *(antik)*, **bianco – bianchi – bianca – bianche** *(weiß)*, **fresco – freschi – fresca – fresche** *(frisch)*

tipico – tipici – tipica – tipiche *(typisch)*, **simpatico – simpatici – simpatica – simpatiche** *(sympathisch)*, **magnifico – magnifici – magnifica – magnifiche** *(großartig)*

Aber Achtung! Adjektive auf **-go** bilden (anders als die Substantive!) den Plural immer auf **-ghi**!

largo – larghi – larga – larghe *(breit)*, **lungo – lunghi – lunga – lunghe** *(lang)*, **vago – vaghi – vaga – vaghe** *(vage)*

QUIZ

Pluralbildung der Substantive

1. È stato operato ____ .	❍ A alle mani	❍ B ai mani
2. Finalmente hanno risolto ____ .	❍ A la problema	❍ B il problema
3. Facciamo una frittata. Prendi ____ .	❍ A le uova	❍ B gli uovi
4. Alla cerimonia c'erano tutte ____ dello Stato.	❍ A l'autorità	❍ B le autorità
5. Ha messo ____ rosa.	❍ A il pigiama	❍ B la pigiama
6. Guardi spesso ____ di avventura?	❍ A i film	❍ B il film
7. Mi piacciono un sacco gli ____ verdi.	❍ A asparaghi	❍ B asparagi
8. Erano insieme, ora sono grandi ____ .	❍ A nemichi	❍ B nemici
9. Metti i piatti ____ nella lavastoviglie.	❍ A sporci	❍ B sporchi
10. Non amo stirare le ____ .	❍ A camicie	❍ B camice
11. Pinocchio raccontava tante ____ .	❍ A bugie	❍ B buge
12. Per favore, vorrei un frullato di ____ e kiwi.	❍ A arancie	❍ B arance
13. È una persona senza ____ .	❍ A principi	❍ B principii

Lösungen

1. A, 2. B, 3. A, 4. B, 5. A, 6. A, 7. B, 8. B, 9. B, 10. A, 11. A, 12. B, 13. A

GRAMMATIK

Der Gebrauch des Artikels

Ti piacciono i fumetti?
Magst du Comics?

Im Italienischen verwendet man, im Gegensatz zum Deutschen, den Artikel vor Substantiven, die eine allgemein gehaltene Aussage bzw. eine Kategorie bezeichnen, wie z. B. **i fumetti** *(Comics)*.

La matematica è una scienza esatta.
Mathematik ist eine genaue Wissenschaft.

Mi piace il vino rosso. / Mi piacciono i fumetti.
Ich mag Rotwein/Comics.

Come sta il signor Buffon?
Wie geht es Herrn Buffon?

Der Artikel wird im Italienischen – anders als im Deutschen – auch vor Titeln oder Berufsbezeichnungen mit darauffolgendem Eigennamen gebraucht.

Le presento la dottoressa Zigo.
Ich stelle Ihnen Frau Doktor Zigo vor.

Achtung! In der direkten Anrede der Person entfällt der Artikel.

Buonasera, signor Buffon ~~il signor Buffon~~, come sta?
Guten Abend, Herr Buffon, wie geht es Ihnen?

Attenzione!

Die Anrede **signore** sowie Berufsbezeichnungen, die auf **-re** enden, verlieren das **-e**, wenn sie vor Eigennamen stehen: **signore → signor, ingegnere → ingegner, dottore → dottor, professore → professor.**

Stamattina ho incontrato l'ingegner Bolli. Ti saluta! – *Heute morgen habe ich Herrn Bolli (wörtl.: den Herrn Ingenieur Bolli) getroffen. Er grüßt dich!*

La mattina mi alzo presto.
Morgens stehe ich früh auf.

Der Artikel steht im Italienischen auch vor Zeitangaben: vor Tageszeiten und Wochentagen, wenn die regelmäßige Wiederkehr gemeint ist, und bei der Uhrzeit.

La sera bevo spesso una tisana.
Abends trinke ich oft einen Kräutertee.

Il mercoledì faccio sport.
Mittwochs treibe ich Sport.

Il mercoledì vado in palestra.
Mittwochs gehe ich ins Fitnessstudio.

Che ore sono? – Sono già le dieci!
Wie spät ist es? – Es ist schon zehn Uhr!

l'Europa, l'Italia, il Friuli, la Corsica
Europa, Italien, Friaul, Korsika

Im Italienischen wird der Artikel anders als im Deutschen auch in weiteren Fällen gebraucht. Der Artikel steht z. B. vor Namen von Kontinenten, Ländern, Regionen und großen Inseln.

Il Friuli è una regione da visitare.
Friaul ist eine Reise wert.

Ho i capelli castani.
Ich habe braune Haare.

Bei Körperteilen und anderen Merkmalen, die zur Beschreibung des Aussehens dienen (Haarfarbe, Augenfarbe usw.) wird ebenso der Artikel gebraucht.

Paolo ha gli occhi verdi e porta gli occhiali.
Paolo hat grüne Augen und trägt eine Brille.

l'italiano
Italienisch

Anders als im Deutschen wird der Artikel im Italienischen auch bei Sprachen gebraucht.

L'italiano è lingua ufficiale anche in Svizzera.
Italienisch ist auch in der Schweiz Amtssprache.

l'oro
das Gold

Vor Stoffnamen und Materialien, jedoch nicht nach den Präpositionen **in** und **di**, wird der Artikel im Italienischen verwendet.

La seta è un materiale naturale.
Seide ist ein Naturmaterial.

la febbre
das Fieber

Der Artikel steht im Italienischen anders als im Deutschen auch vor den Namen von Krankheiten.

Hai la tosse e la febbre?
Hast du Husten und Fieber?

il verde
das Grün

Bei Farbbezeichnungen wird der Artikel im Italienischen auch gebraucht.

Il verde è il mio colore preferito.
Grün ist meine Lieblingsfarbe.

Attenzione!

Der Artikel wird im Italienischen – anders als im Deutschen – auch vor den Possessivpronomen und -begleitern gebraucht. Für weitere Erklärungen s. Kapitel *Grammatik: Der Possessivbegleiter.*

Der Teilungsartikel

Vorrei delle olive.
Ich hätte gerne Oliven.

Im Deutschen wie im Italienischen hat der unbestimmte Artikel keine Pluralform, doch während im Deutschen *etwas/einige* oder meistens gar nichts vor dem Substantiv steht *(ein Buch – Bücher)*, benutzt man auf Italienisch oft den Teilungsartikel, der wiederum aus der Präposition **di** + bestimmtem Artikel zusammengesetzt wird.

Buongiorno, vorrei delle mele.
Guten Tag, ich hätte gerne Äpfel.

Der Teilungsartikel wird außerdem auch mit Substantiven im Singular verwendet, z. B. bei unzählbaren Dingen wie **l'acqua** *(das Wasser)*. Hier hat er die Bedeutung von **un po' di** *(ein bisschen von)*.

Per favore, mi potrebbe portare ancora dell'olio?
Könnten Sie mir bitte noch etwas Öl bringen?

Attenzione!

Nennt man eine genaue Menge, folgt nach der Mengenangabe die Präposition **di** + Substantiv OHNE Artikel: **un etto di olive** *(100 Gramm Oliven)*, **due etti di prosciutto** *(200 Gramm Schinken)*, **mezzo chilo di carne** *(ein halbes Kilogramm Fleisch)*, **due chili di mele** *(zwei Kilogramm Äpfel)*, **un litro di olio** *(ein Liter Öl)* usw.

Attenzione!

Anstelle des Teilungsartikels benutzt man auch **alcuni/-e** oder **qualche**. Beide bedeuten *einige* – mit einem Unterschied: nach **qualche** folgen IMMER Substantive im Singular, **qualche** bleibt unverändert, nach **alcuni** bzw. **alcune** folgen IMMER Substantive im Plural.

qualche volta = alcune volte = *einige Male*
qualche giorno = alcuni giorni = *einige Tage*

Lösung Blitzquiz
B

Der Demonstrativbegleiter und -pronomen

quel - quello - quell' - quella - quell' - quei - quegli - quelle
jene/r/s

Quello kann als Demonstrativpronomen und Demonstrativbegleiter verwendet werden. Es entspricht grammatikalisch dem deutschen *jene/r/s*, wird meistens allerdings durch *der/die ... da* oder *diese/r/s* wiedergegeben. Ersetzt **quello** ein Substantiv, hat es vier Formen (**quello – quelli – quella – quelle**). Begleitet **quello** dagegen ein Substantiv, gelten folgende Formen, die denen des bestimmten Artikels ähnlich sind.

Di chi è quel libro / quello zaino / quell'orologio / quella macchina / quell'arpa?
Wem gehört jenes Buch / jener Rucksack / jene Uhr / jenes Auto / jene Harfe?

Di chi sono quei libri / quegli zaini / quelle scarpe?
Wem gehören jene Bücher / jene Rucksäcke / jene Schuhe?

Attenzione!

Bei Gegenüberstellungen wird zuerst **questo**, das auf Sachen, Personen, Sachverhalte in zeitlicher oder räumlicher Nähe verweist, dann **quello** verwendet, das auf Sachen, Personen, Sachverhalte in zeitlicher oder räumlicher Entfernung verweist.

Che begli occhiali! Sto meglio con questi o con quelli? – *Was für schöne Brille! Steht mir besser diese hier oder jene / die da?*

Der Possessivbegleiter

la sua bicicletta
ihr/sein/Ihr Fahrrad

Anders als im Deutschen werden italienische Possessivbegleiter generell vom bestimmten Artikel begleitet.

La mia bicicletta è vecchia.
Mein Fahrrad ist alt.

il suo cane
ihr/sein/Ihr Hund

Im Italienischen wird bei der 3. Person Singular NICHT zwischen männlichem und weiblichem Besitzer unterschieden. Die männliche bzw. weibliche Form **suo** und **sua** beziehen sich auf das Substantiv, das sie begleiten.

Il suo cane è un giocherellone.
Ihr/Sein Hund ist verspielt.

Questa è la sua bicicletta.
Das ist sein/ihr Fahrrad.

In solchen Sätzen kann es zu Missverständnissen kommen. Vom Kontext versteht man dagegen, ob sich **suo** bzw. **sua** auf einen Mann oder eine Frau beziehen.

Ma c'è anche Anna!? Questa è la sua bicicletta.
Ist auch Anna da!? Das ist ihr Fahrrad.

Buono a sapersi!

Beim Siezen verwendet man auf Italienisch im Gegensatz zum Deutschen nicht die 3. Person Plural **loro** *(sie)*, sondern die 3. Person Singular, wenn Sie eine Person siezen, oder die 2. Person Plural, wenn Sie sich an zwei oder mehrere Personen wenden. Um sich schriftlich respektvoll auszudrücken, können die Pronomen, einschließlich **Suo** und **Vostro**, großgeschrieben werden.

Rimango in attesa di una Sua/Vostra risposta. – *Ich verbleibe in Erwartung einer Antwort Ihrerseits.*

mio papà
mein Vater

i tuoi fratelli
deine Geschwister

il loro figlio
ihr Sohn

Bei Verwandtschaften entfällt der Artikel vor den Possessivbegleitern im Singular.

Mio papà è e sempre sarà nel mio cuore.
Mein Vater ist und wird immer in meinem Herzen sein.

Der Artikel bleibt allerdings bei Verwandtschaftsbezeichnungen im Plural.

Come si chiamano i tuoi fratelli?
Wie heißen deine Geschwister?

Achtung! Bei **loro** steht immer der Artikel, egal ob im Singular oder Plural, bei Verwandtschaftsbezeichnungen oder nicht.

Il loro figlio si trasferisce / I loro nipoti si trasferiscono a Palermo.
Ihr Sohn zieht / Ihre Enkelkinder ziehen nach Palermo.

Zoom su…

Es gibt Wendungen mit Possessivbegleitern, die als feste Ausdrücke auch ohne Substantiv verbreitet sind.

Brindiamo alla tua/sua/nostra/vostra (salute)! – *Auf deine/seine/ihre/unsere/eure Gesundheit!*
Sono dai miei (genitori). – *Ich bin bei meinen Eltern.*
Deve sempre dire la sua (opinione). – *Er/Sie muss immer sagen, was er/sie denkt.*

Attenzione!

In einigen Wendungen steht das Substantiv vor dem Possessivbegleiter:

Questa è casa mia. – *Das ist mein Zuhause.*
È colpa tua! – *Das ist deine Schuld!*
Amico mio! – *Mein Freund!*

		A	B
1.	È arrivato ____ signor Rossi?	❍ A -	❍ B il
2.	"Piacere di conoscerLa, ____ signor Rossi!"	❍ A -	❍ B il
3.	Suo figlio ha ____ capelli castani.	❍ A -	❍ B i
4.	Va bene se compro ____ formaggio?	❍ A di	❍ B del
5.	Vorrei ____ ciliegie.	❍ A di	❍ B delle
6.	Prendo un chilo ____ mele?	❍ A di	❍ B delle
7.	Vorrei anche un vasetto ____ marmellata.	❍ A di	❍ B della
8.	Fra qualche ____ parto per le vacanze!	❍ A giorni	❍ B giorno
9.	Ti piace ____ vestito blu in vetrina?	❍ A quel	❍ B quello
10.	Mi presti ____ libri di storia?	❍ A quei	❍ B quelli
11.	È la moto di Marco? No, ____ moto è blu.	❍ A il suo	❍ B la sua
12.	Vado a pranzo ____ nonni.	❍ A dai miei	❍ B da miei
13.	____ nipote studia a Napoli.	❍ A Mio	❍ B Il mio

Lösungen

1. B, 2. A, 3. B, 4. B, 5. B, 6. A, 7. A,
8. B, 9. A, 10. A, 11. B, 12. A, 13. A

GRAMMATIK

Adjektiv oder Adverb?

buono - bene
gut

Buono als Gegenteil von **cattivo** bedeutet *gut*. Im Satz **Va tutto bene?** bedeutet **bene** auch *gut*. Jedoch ist **buono** ein Adjektiv und bestimmt ein Substantiv näher, **bene** ein Adverb, bleibt unverändert und bestimmt ein Verb näher.

Im Deutschen wird meistens kein Unterschied zwischen Adjektiv und Adverb gemacht, aber im Italienischen! Daher sind Fehler häufig zu hören.

Questo caffè è proprio buono ~~bene~~!
Der Kaffee ist wirklich gut!
Das Adjektiv **buono** bestimmt das Substantiv **caffè** näher: Dieser Kaffee ist ein guter Kaffee.

In quel ristorante cucinano bene ~~buono~~ il pesce.
In jenem Restaurant bereiten sie den Fisch gut zu.
Das Adverb **bene** bestimmt das Verb **cucinare** näher: Auf Deutsch bleibt daher *gut* unverändert, man kann es nicht deklinieren.

Zoom su...

Gut wird nicht nur durch **buono**, sondern auch durch **bravo** und **bello** übersetzt. **Buono** beschreibt eine Person aus dem moralischen oder eine Sache aus dem geschmacklichen Standpunkt. **Bravo** beschreibt eine Person, die ihre Arbeit gut macht, oder die ehrlich und gut ist. **Bello** beschreibt die ästhetische, moralische Perfektion.

Ivan è buono come il pane. – *Ivan ist ein guter Kerl. (wörtl.: gut wie das Brot)*

Rita è brava in matematica. – *Rita ist gut in Mathe.*

Sante è una bella persona. – *Sante ist ein guter Mensch.*

cattivo – male
schlecht

Che cattivo! bedeutet *Wie schlecht!* **Stai male?** bedeutet *Geht es dir schlecht?* **Cattivo** ist ein Adjektiv und bestimmt ein Substantiv näher, **male** ist ein Adverb, bleibt unverändert und bestimmt ein Verb näher.

Wie schon gesagt ist im Italienischen der Unterschied zwischen Adjektiv und Adverb wichtig.

Il pesce non è più fresco, ha un odore davvero cattivo ~~male~~.
Der Fisch ist nicht mehr frisch, er riecht wirklich schlecht. (wörtl.: hat wirklich einen schlechten Geruch.)
Das Adjektiv **cattivo** bestimmt das Substantiv **odore** näher: Dieser Geruch ist ein schlechter Geruch.

Hai studiato poco e male ~~cattivo~~, per questo non hai passato l'esame.
Du hast wenig und schlecht gelernt, deswegen hast du die Prüfung nicht bestanden.
Das Adverb **male** bestimmt das Verb **studiare** näher und bleibt als Adverb unverändert. Auch *schlecht* bleibt unverändert, man kann es nicht deklinieren.

Zoom su…

Schlecht übersetzt man mit **cattivo** und mit **brutto**.

Cattivo bedeutet *schlecht/böse*. Es beschreibt eine Person aus dem moralischen oder eine Sache aus dem geschmacklichen Standpunkt. **Brutto** bedeutet *schlecht/hässlich*. Es beschreibt jemanden oder etwas aus dem ästhetischen Standpunkt.

Lisa non è cattiva, ma ha un brutto carattere. – *Lisa ist nicht böse, aber sie hat einen schlechten Charakter.*

Che brutta barzelletta, nessuno ha riso. – *Was für ein schlechter Witz, keiner hat gelacht.*

molto - tanto - poco - troppo
viel, wenig, zu viel

Auch die Wörter **molto/tanto** *(viel)*, **poco** *(wenig)*, **troppo** *(zu viel)* können Adjektiv oder Adverb sein.

In folgenden Sätzen bestimmen **molto, tanto, poco, troppo** das Substantiv näher. Sie sind also Adjektive und werden an das Substantiv angeglichen (**-o, -i, -a, -e**).

Ho molto/tanto/poco/troppo tempo.
Ich habe viel/wenig / zu viel Zeit.

Ho molti/tanti/pochi/troppi libri.
Ich habe viele/wenige / zu viele Bücher.

Ho molta/tanta/poca/troppa fame.
Ich habe viel/wenig / zu viel Hunger.

Ho molte/tante/poche/troppe idee.
Ich habe viele/wenige / zu viele Ideen.

molto - tanto - poco - troppo
viel/sehr, wenig, zu viel

Bestimmen **molto/tanto** *(viel/sehr)*, **poco** *(wenig)*, **troppo** *(zu viel)* das Verb näher, stehen sie als Adverbien im Satz und bleiben daher unverändert.

Io lavoro molto/tanto/poco/troppo.
Ich arbeite viel/wenig / zu viel.

Attenzione!

Achtung! *Zu viel* übersetzt man nie mit ~~troppo molto~~, sondern einfach nur mit **troppo**.

Hai lavorato troppo ~~troppo molto~~. – *Du hast zu viel gearbeitet.*

Troppo als Adverb kann ein Adjektiv bzw. ein weiteres Adverb verstärken. Es bleibt unverändert und heißt *zu*: **troppo bello** *(zu schön)*, **troppo tardi** *(zu spät)*.

Das Adjektiv: Stellung und Bedeutung

una macchina tedesca, una borsa blu, un tavolo quadrato
ein deutsches Auto, eine blaue Tasche, ein viereckiger Tisch

Einige Adjektive stehen im Gegensatz zum Deutschen immer nach dem Substantiv. Es handelt sich um Adjektive, die die Herkunft und Nationalität, die Farbe und die Form beschreiben.

I vicini hanno comprato una macchina tedesca.
Die Nachbarn haben ein deutsches Auto gekauft.

Hai perso la borsa blu?
Hast du die blaue Tasche verloren?

In salotto mettiamo un tavolo quadrato.
In das Wohnzimmer stellen wir einen viereckigen Tisch.

bello
schön

Das Adjektiv **bello** gehört zu den Adjektiven, die vor oder nach dem Substantiv stehen können.

Steht **bello** nach dem Substantiv, hat es eine objektive Bedeutung und beschreibt oft das Aussehen.

Vorrei una casa bella e luminosa!
Ich hätte gerne eine schöne und helle Wohnung.

Wenn **bello** vor dem Substantiv steht, hat das Adjektiv eher eine nicht physische Bedeutung, etwas Subjektives wird mitgeteilt.

Che bel libro! Mi è proprio piaciuto.
Was für ein schönes Buch. Es hat mir sehr gefallen.

Während **bello** nach dem Substantiv vier Endungen **-o**, **-i**, **-a**, **-e** hat, verhält sich **bello** vor Substantiven wie der bestimmte Artikel: **un bel (il) libro** *(ein schönes Buch)*, **un bello (lo) zaino** *(ein schöner Rucksack)*, **un bell' (l') orologio** *(eine schöne Uhr)*, **una bella (la) borsa** *(eine schöne Tasche)*, **dei bei (i) quadri** *(schöne Bilder)*, **dei begli (gli) occhiali** *(schöne Brille)*, **delle belle (le) scarpe** *(schöne Schuhe)*.

buono
gut

Auch **buono** kann vor oder nach dem Substantiv stehen.

Wie **bello** hat **buono** nach dem Substantiv eher eine objektive Bedeutung, man äußert eine Meinung.

È un caffè buono, è colombiano.
Es ist ein guter Kaffee, aus Kolumbien.

Wenn **buono** vor dem Substantiv steht, wird die Intensität des Adjektivs betont.

Adesso ho proprio bisogno di un buon caffè!
Jetzt brauche ich wirklich einen guten Kaffee!

Während **buono** nach dem Substantiv vier Endungen **-o**, **-i**, **-a**, **-e** hat, verhält es sich vor Substantiven wie der unbestimmte Artikel: **una buona (una) pizza** *(eine leckere Pizza)*, **una buona (una) / buon' (un') amica** *(eine gute Freundin)*, **un buon (un) gelato/orologio** *(ein gutes Eis / eine gute Uhr)*, **un buono (uno) stipendio** *(ein gutes Gehalt)*.

Zoom su...

Abgesehen von **buongiorno** *(guten Tag)* und **buonasera** *(guten Abend)* können Sie täglich folgende Ausdrücke mit **buono** verwenden:

Buon lavoro! – *Frohes Schaffen!*
Buona giornata! – *Einen schönen Tag noch!*
Buona serata! – *Einen schönen Abend noch!*

un'amica vecchia
eine alte (nicht mehr junge) Freundin

una vecchia amica
eine alte (langjährige) Freundin

Auch weitere Adjektive – u. a. **vecchio, caro, povero, solo, grande, semplice** – ändern ihre Bedeutung abhängig davon, ob sie vor oder nach dem Substantiv stehen. Es gilt auch in diesen Fällen: Steht das Adjektiv nach dem Substantiv, ist eher die Grundbedeutung im Vordergrund, steht es davor, hat das Adjektiv eine subjektive Bedeutung. Um sich nicht zu blamieren (**fare una brutta figura**), achten Sie darauf, was Sie sagen!

È un'amica vecchia. / È una vecchia amica.
Sie ist eine alte (nicht mehr junge) Freundin. / Sie ist eine alte (langjährige) Freundin.

È un professore caro. / È un caro professore.
Er ist ein teurer Professor (er verlangt viel Geld z. B. für private Nachhilfe). / Er ist ein lieber Professor.

È un uomo povero. / È un pover'uomo.
Er ist ein armer Mann/Mensch (ohne Geld). / Er ist ein armer Mann/Mensch (bedauernswert).

È un ragazzo solo. / Ha un solo figlio.
Er ist ein einsamer/alleinstehender Junge. / Er/Sie hat einen einzigen Sohn.

È una donna grande. / È una grande donna.
Sie ist eine große Frau. / Sie ist eine großartige Frau.

È una domanda semplice. / È una semplice domanda.
Das ist eine einfache Frage. / Das ist nur eine Frage.

Attenzione!

Steht **grande** nach einem Substantiv, verhält es sich regelmäßig. Steht es davor, kann **grande** vor Konsonanten zu **gran** werden: **un gran freddo** *(eine große Kälte)*, **una gran confusione** *(ein großes Durcheinander)*.

Steigerungsformen

Bologna è più bella di Milano.
Bologna ist schöner als Mailand.

Spolverare è meno noioso che stirare.
Staubwischen ist weniger langweilig als bügeln.

Der Komparativ wird durch **più/meno** + Adjektiv gebildet. Während im Deutschen in Komparativsätzen immer *als* steht, wird das Vergleichselement im Italienischen durch **di** oder **che** wiedergegeben.

Di steht vor Eigennamen, Substantiven und Pronomen.

Sei più alto di Alessandro.
Du bist größer als Alessandro.

La montagna è più rilassante del mare.
Die Berge sind entspannender als das Meer.

Francesca è meno sportiva di te.
Francesca ist weniger sportlich als du.

Che steht, wenn zwei Substantive, zwei Adjektive, zwei Verben im Infinitiv, zwei Adverbien, zwei Ergänzungen mit Präpositionen verglichen werden.

Nuotare è più divertente che correre.
Schwimmen macht mehr Spaß als Laufen.

È più comodo andare in treno che in macchina.
Es ist bequemer mit dem Zug zu fahren als mit dem Auto.

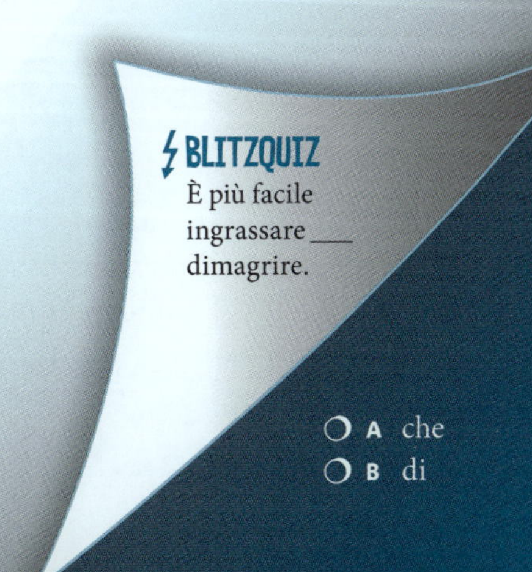

BLITZQUIZ
È più facile ingrassare ___ dimagrire.

- A che
- B di

Besondere Steigerungsformen

migliore – peggiore – maggiore – minore – superiore – inferiore
besser – schlechter – größer – kleiner – höher – niedriger

Die Adjektive **buono** *(gut)*, **cattivo** *(schlecht)*, **grande** *(groß)*, **piccolo** *(klein)*, **alto** *(hoch)*, **basso** *(niedrig)* haben zwei Steigerungsformen: eine regelmäßige, meist verwendet, um menschliche Qualitäten zu beschreiben, wie z. B. **più buono** *(besser, bester)*, und eine unregelmäßige, wie z. B. **migliore** *(besser, bester)*. Vorsicht! Die unregelmäßigen Steigerungsformen **migliore**, **peggiore** usw. werden ohne **più** gebildet!

La pizza è più buona / migliore ~~più migliore~~ in questa pizzeria.
Die Pizza schmeckt besser in dieser Pizzeria.

La pizza più buona / migliore ~~più migliore~~ la fanno a Napoli.
Die beste Pizza wird in Neapel zubereitet.

Hier ein Überblick der unregelmäßigen Steigerungsformen:

buono *(gut)* – **migliore** *(besser)* – **il migliore** *(der beste)* – **ottimo** *(sehr gut)*

cattivo *(schlecht)* – **peggiore** *(schlechter)* – **il peggiore** *(der schlechteste)* – **pessimo** *(sehr schlecht)*

grande *(groß)* – **maggiore** *(größer)* – **il maggiore** *(der größte)* – **massimo** *(sehr groß)*

piccolo *(klein)* – **minore** *(kleiner)* – **il minore** *(der kleinste)* – **minimo** *(sehr klein)*

alto *(hoch)* – **superiore** *(höher)* – **il superiore** *(der höchste)* – **supremo/sommo** *(sehr hoch)*

basso *(niedrig)* – **inferiore** *(niedriger)* – **l'inferiore** *(der niedrigste)* – **infimo** *(sehr niedrig)*

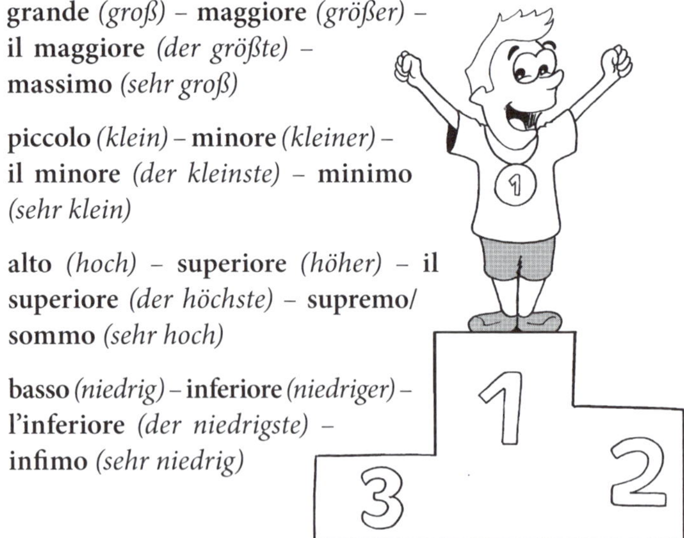

Lösung Blitzquiz
A

meglio - peggio - più - meno
besser - schlechter - mehr - weniger

Die Adverbien **bene** *(gut)*, **male** *(schlecht)*, **molto** *(viel, sehr)*, **poco** *(wenig)* haben eine unregelmäßige Steigerungsform.

Vorsicht! Die Steigerungsform wird nicht mit Hilfe von **più** gebildet!

Che traffico! È meglio ~~più bene~~ se andiamo in bici.
Was für ein Verkehr! Es ist besser, wenn wir mit dem Fahrrad fahren.

Questo vino mi piace meno di tutti.
Dieser Wein schmeckt mir von allen am wenigsten.

Hier ein Überblick der unregelmäßigen Steigerungsformen:

bene *(gut)* – **meglio** *(besser)* – **meglio (di tutti)** *(am besten)* – **benissimo** *(sehr gut)*

male *(schlecht)* – **peggio** *(schlechter)* – **peggio (di tutti)** *(am schlechtesten)* – **malissimo** *(sehr schlecht)*

molto *(sehr)* – **più** *(mehr)* – **più (di tutti)** *(am meisten)* – **moltissimo** *(sehr viel)*

poco *(wenig)* – **meno** *(weniger)* – **meno (di tutti)** *(am wenigsten)* – **pochissimo** *(sehr wenig)*

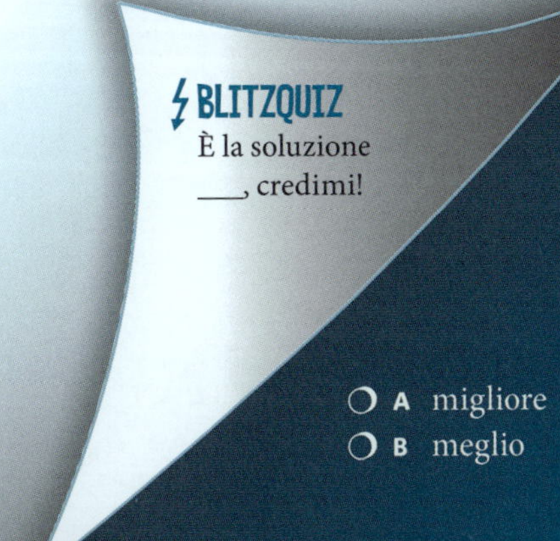

QUIZ

Adjektive und Adverbien

		A		B
1. Hai fatto proprio ____ a rispondere così.	❍	**A** cattivo	❍	**B** male
2. Che ____ profumino!	❍	**A** buon	❍	**B** bene
3. Sei stato ____ a superare l'esame.	❍	**A** buono	❍	**B** bravo
4. Hai dato ____ esami. Complimenti!	❍	**A** molto	❍	**B** molti
5. Dove hai comprato ____ ?	❍	**A** la rossa borsa	❍	**B** la borsa rossa
6. Ti piace ____ ?	❍	**A** il caffè americano	❍	**B** l'americano caffè
7. Che ____ stivali che hai!	❍	**A** belli	❍	**B** begli
8. Ci vediamo domani. ____ serata!	❍	**A** Bella	❍	**B** Buona
9. Ha più gonne ____ pantaloni.	❍	**A** che	❍	**B** di
10. È più simpatico ____ lui.	❍	**A** che	❍	**B** di
11. È ____ , ma è di vera pelle!	❍	**A** una cara borsa	❍	**B** una borsa cara
12. I laboratori sono ai piani ____ .	❍	**A** inferiori	❍	**B** infimi
13. È ____ se vieni anche tu.	❍	**A** meglio	❍	**B** migliore

Lösungen

1. B, 2. A, 3. B, 4. B, 5. B, 6. A, 7. B,
8. B, 9. A, 10. B, 11. B, 12. A, 13. A

Lösung Blitzquiz

A

GRAMMATIK

Heikle Präpositionen: di - a - da - in

la casa di Ada
Adas Haus

Eine der wichtigsten Präpositionen ist **di**, die allein oder verschmolzen mit dem bestimmten Artikel stehen kann **(del, dello, della, dell', dei, degli, delle)**.

Sono di...
Ich komme aus ...

Di gibt den deutschen Genitiv wieder (**di chi?** – *wessen?*). Zudem verwendet man **di** bei der Herkunftsstadt, bei Zeitangaben, Materialangabe, Mengenangaben und Vergleichen (Einleitung des Vergleichselement).

di mattina
morgens

L'amico di Luca lavora a Berlino, ma è di Trieste.
Lucas Freund arbeitet in Berlin, aber kommt aus Triest.

di lana
aus Wolle

Di mattina, in inverno, metto spesso un cappello di lana.
Morgens setze ich im Winter oft eine Wollmütze auf.

un chilo di...
ein Kilo ...

Al supermercato compra un vasetto di pesto.
Im Supermarkt kauft er/sie ein Glas Pesto.

più bello di
schöner als

Io sono più alto di te.
Ich bin größer als du.

Attenzione!

Di steht auch nach **qualcosa**, wenn ein Adjektiv folgt: **qualcosa di buono / di fresco / di caldo / di dolce / di salato.** – *etwas Leckeres/Frisches/Warmes/Süßes/Salziges.*

Attenzione!

Im Italienischen weisen zusammengesetzte Wörter mit der Präposition **di** eine Zugehörigkeitsangabe auf, z. B. **il mazzo di chiavi** *(der Schlüsselbund)*, **il mazzo di fiori** *(der Blumenstrauß)*, **la torta di mele** *(der Apfelkuchen)* usw.

a mio figlio
meinem Kind

a Torino
in/nach Turin

alle quattro
um 4:00 Uhr

dall'una alle tre
von 13:00 bis 15:00 Uhr

a Capodanno
an Silvester

a due passi da casa
zwei Schritte von zu Hause entfernt

a righe
gestreift

alla romana
nach Römer Art

Eine weitere wichtige Präposition ist **a**. Auch **a** kann allein oder verschmolzen mit dem bestimmten Artikel stehen (**al, allo, alla, all', ai, agli, alle**).

A entspricht dem deutschen Dativ (**a chi?** – *wem?*). Außerdem wird diese Präposition auch verwendet, um Ort und Richtung (u. a. Städte und kleine Inseln) anzugeben, egal ob man irgendwo ist oder irgendwohin fährt bzw. geht. Zudem steht **a** mit Zeitangaben (Uhrzeit und Festivitäten), mit Entfernungsangaben, mit Mustern und mit der Art und Weise.

Dico a Luca che vado/sono a Torino.
Ich sage Luca, dass ich nach Turin fahre / in Turin bin.

Alle otto, a Pasquetta, andiamo al mare a Lignano. Lignano è a circa 60 km da Pordenone.
Um acht Uhr am Ostermontag fahren wir ans Meer, nach Lignano. Lignano liegt circa 60 km von Pordenone entfernt.

Questa galleria d'arte è aperta solo da mezzogiorno alle sei.
Diese Kunstgalerie hat nur von Mittag bis sechs Uhr geöffnet.

Metto una camicia a fiori / a quadri / a righe.
Ich ziehe ein geblümtes/kariertes/gestreiftes Hemd an.

Questi spaghetti al ragù sono squisiti.
Diese Spaghetti mit Fleischsoße sind köstlich.

Zoom su...

Bei Ort und Richtung steht die Präposition **a** auch mit folgenden Substantiven: **a casa** *(nach/zu Hause)*, **a teatro** *(ins/im Theater)*, **al cinema** *(ins/im Kino)*, **al museo** *(ins/im Museum)*, **al bar** *(ins/im Café)*, **al ristorante** *(ins/im Restaurant)*, **al supermercato** *(in den / im Supermarkt)*, **al parco** *(in den / im Park)*, **allo stadio** *(ins/im Stadion)*. Außerdem steht **a** auch in diesen Wendungen: **a piedi** *(zu Fuß)*, **a presto** *(bis bald)*, **a domani** *(bis morgen)*, **alla salute** *(zum Wohl)*.

Vengo da Pordenone.
Ich komme aus Pordenone.

Auch die Präposition **da** kann allein oder verschmolzen mit dem bestimmten Artikel stehen **(dal, dallo, dalla, dall', dai, dagli, dalle)**.

dal parrucchiere
beim/zum Friseur

Mit **venire da** sagt man in erster Linie, dass man gerade von einer Stadt bzw. einem Land kommt. Wenn Deutschsprachige sagen wollen, wo sie herkommen, benutzen sie oft **venire da**. Korrekt hingegen ist **sono tedesco** oder **sono di** + Stadt.

Vengo da Düsseldorf / dalla Germania.
Ich komme (gerade) aus Düsseldorf / aus Deutschland.

da oggi
ab/seit heute

Man verwendet **da** auch für Ort und Richtung, wenn nach **da** eine Person folgt. Zudem wird **da** bei Zeitangaben und in Passivsätzen für die handelnde Person benutzt.

dalle sette alle otto
von 7:00 bis 8:00 Uhr

Sono/Vado da Giorgio / dal parrucchiere.
Ich bin bei Giorgio / beim Friseur.
Ich gehe zu Giorgio / zum Friseur.

dal sette all'otto marzo
von 7. bis 8. März

Da martedì l'ambulatorio è aperto dall'una alle sei.
Seit/Ab Dienstag hat die Praxis von 13:00 bis 18:00 Uhr geöffnet.

Il vaso è stato rotto dal gatto.
Die Vase wurde von der Katze kaputt gemacht.

Attenzione!

Die Präposition **da** steht nach **qualcosa**, wenn ein Verb folgt: **Vorrei qualcosa da mangiare / da bere / da fare.** – *Ich hätte gerne etwas zu essen/trinken/tun.*

Zoom su...

Im Italienischen weisen zusammengesetzte Wörter mit der Präposition **da** Zweck und Bestimmung auf: **la camera da letto** *(das Schlafzimmer)*, **le scarpe da ginnastica** *(die Sportschuhe)*, **gli occhiali da sole** *(die Sonnenbrille)* usw.

in Italia
in Italien

in pizzeria/ biblioteca
in die/der Pizzeria / in die/ der Bibliothek

in piazza
auf dem Platz

in macchina
mit dem Auto

in giugno
im Juni

Die Präposition **in** ist auch wichtig und kann ebenfalls allein oder verschmolzen mit dem bestimmten Artikel stehen (**nel, nello, nella, nell', nei, negli, nelle**).

Die Präposition **in** verwendet man als Ort und Richtung mit Länder- und Regionennamen, mit großen Inseln und mit Wörtern, die auf -**teca** und -**ria** enden.

Vado/Sono in Italia, in Sardegna.
Ich fahre nach Italien, nach Sardinien. / Ich bin in Italien, auf Sardinien.

Sono in biblioteca, poi vado in pizzeria con Lea.
Ich bin in der Bibliothek, dann gehe ich mit Lea in die Pizzeria.

Außerdem wird die Präposition **in** bei Räumen, Straßennamen, Verkehrsmitteln, Mengen und bei Zeitangaben mit Monaten und Jahreszeiten verwendet.

Siamo in tre, in salotto, nel mio appartamento in via Verdi.
Wir sind zu dritt im Wohnzimmer in meiner Wohnung in der Verdistraße.

In maggio vado in aereo in Germania.
Im Mai fliege ich mit dem Flugzeug nach Deutschland.

Attenzione!

Mit der deutschen Präposition *in* drückt man auch aus, wie viel Zeit vergeht, bis etwas passiert. Auf Italienisch ist es aber anders, man benutzt **fra** oder **tra**: **Arrivo tra/fra due minuti** ~~in due minuti~~. – *Ich komme in zwei Minuten.*

Zoom su...

Als Ort und Richtung steht die Präposition **in** auch mit folgenden Substantiven: **in montagna** *(in die Berge / in den Bergen)*, **in ufficio** *(ins/im Büro)*, **in campagna** *(aufs / auf dem Land)*, **in piscina** *(ins/im Schwimmbad)*, **in banca** *(zur / in der Bank)*, **in centro** *(ins/im Zentrum)* usw.

Präpositionen

1. Carlo è ____ Bologna?	❍ A di	❍ B da
2. Vengo adesso ____ stazione.	❍ A da	❍ B dalla
3. Vorrei andare ____ Sardegna.	❍ A in	❍ B a
4. ____ dieci minuti ti chiamo.	❍ A In	❍ B Fra
5. Sarà già arrivato ____ casa.	❍ A a	❍ B alla
6. Io andrei ____ bicicletta.	❍ A con	❍ B in
7. Stasera andremo ____ un'osteria.	❍ A in	❍ B a
8. Ti posso offrire qualcosa ____ bere?	❍ A a	❍ B da
9. Ho freddo, prendo qualcosa ____ caldo.	❍ A di	❍ B da
10. Gli abbiamo regalato un maglione ____ righe.	❍ A a	❍ B da
11. Stasera, saltimbocca ____ romana!	❍ A in	❍ B alla
12. Guarda che i tuoi occhiali ____ sole sono in cucina!	❍ A di	❍ B da
13. Accidenti, non trovo le chiavi ____ casa.	❍ A di	❍ B della

Lösungen
1. A, 2. B, 3. A, 4. B, 5. A, 6. B, 7. A, 8. B, 9. A, 10. A, 11. B, 12. B, 13. A

GRAMMATIK

Häufige Konjugationsfehler

(Noi) Cerchiamo un albergo in Sardegna.
Wir suchen ein Hotel auf Sardinien.

(Tu) Paghi con la carta di credito?
Bezahlst du mit Kreditkarte?

(io) cercherò/ cercherei
ich werde/ würde suchen

(io) pagherò/ pagherei
ich werde/ würde bezahlen

Auch unter den regelmäßigen Verben der 1. Konjugation, d. h. den Verben auf **-are**, gibt es ein paar wichtige Besonderheiten. Bei den Verben auf -**care** und -**gare** werden orthografische Veränderungen durchgeführt, damit die Aussprache so erhalten bleibt wie in der Grundform. Konkret wird im Präsens ein -**h**- vor der Verbendung hinzugefügt, damit der Laut [k] bzw. [g] erhalten wird: **cercare** [-kare] → **tu cerchi** [-ki] ~~cerci~~ / **noi cerchiamo** [-kiamo] ~~cerciamo~~; **pagare** [-gare] → **tu paghi** [-gi] ~~pagi~~ / **noi paghiamo** [-giamo] ~~pagiamo~~.

Carichiamo le valigie nel bagagliaio e partiamo!
Laden wir die Koffer in den Kofferraum und fahren los!

Perché litighi sempre?
Warum streitest du immer?

Achtung! Im Futur und Konditional wird immer ein -**h**- hinzugefügt: **io cercherò / io pagherò, tu cercherai / tu pagherai** usw. *(ich werde suchen/bezahlen, du wirst suchen/ bezahlen* usw.); **io cercherei / io pagherei, tu cercheresti / tu pagheresti** usw. *(ich würde suchen/bezahlen, du würdest suchen/bezahlen* usw.).

Domenica sera giocheranno a calcio.
Sonntagabend werden sie Fußball spielen.

Pagheremmo con un bonifico.
Wir würden per Banküberweisung bezahlen.

Inizi a studiare o no?
Fängst du an zu lernen oder nicht?

Invii tu il fax?
Sendest du das Fax?

Auch Verben auf **-iare** weisen orthografische Besonderheiten auf, die Fehlerquellen sein können. Die Verben mit Endung auf **-iare** verlieren in der 2. Person Singular (du) und in der 1. Person Plural (wir) das **-i-**, wenn dieses bei der 1. Person Singular (ich) nicht betont ist, z. B.: **studiare: io studio → tu studi** *(du lernst/studierst)*, **noi studiamo** *(wir lernen/studieren)*.

A che ora comici a lavorare?
Um wie viel Uhr fängst du an zu arbeiten?

Wenn das **-i-** bei der 1. Person Singular (ich) betont ist, wie bei **inviare** *(schicken)*: **io invio**, bleibt es in der 2. Person Singular erhalten: **tu invii** *(du sendest)*, aber **noi inviamo** *(wir senden)*.

Noi sciamo bene e tu come scii?
Wir fahren gut Ski, und wie fährst du Ski?

ti bacerò / ti bacerei
ich werde/würde dich küssen

mangerò/ mangerei
ich werde/ würde essen

Bei den Verben auf **-ciare** und **-giare** im Futur und im Konditional entfällt das **-i-** vor einer Endung, die auf **-e-** beginnt.

Ti bacerei, ma ti bacerò dopo.
Ich würde dich küssen, aber ich werde dich später küssen.

Mangerei un gelato, ma mangerò una mela.
Ich würde gerne ein Eis essen, aber werde einen Apfel essen.

Attenzione!

Vorsicht! Im Deutschen wird das Hilfsverb *werden* für die Bildung des Futurs und des Konditionals gebraucht *(Ich werde ans Meer fahren. / Ich würde ans Meer fahren.)*. Versuchen Sie nicht, dieses Verb ins Italienische zu übersetzen: Es gibt keine Übersetzung dafür, denn die Endung des Verbs sagt schon alles aus: **Andrò al mare.** (Futur) / **Andrei al mare.** (Konditional).

capisco
ich verstehe

Auch unter den regelmäßigen Verben der 3. Konjugation auf **-ire** gibt es Verben, die im Indikativ Präsens (sowie im Konjunktiv Präsens und im Imperativ) die Stammerweiterung **-isc-** erhalten, allerdings nur in den drei Personen Singular und in der 3. Person Plural.

Verben mit Stammerweiterung sind z. B. **capire** *(verstehen)*, **finire** *(beenden)*, **preferire** *(bevorzugen)*, **pulire** *(sauber machen)*, **costruire** *(bauen)*, **colpire** *(schlagen)*, **inserire** *(hinzufügen)* oder das Reflexivverb **trasferirsi** *(umziehen)*.

Ti piacciono queste magliette? Quale preferisci?
Magst du diese T-Shirts? Welches bevorzugst du?

Vorsicht! Abhängig vom Vokal nach **-isc-** ändert sich die Aussprache: z. B. bei **capisco/capiscono** ist der Laut wie in *Skandal*, bei **capisci/capisce** wie in *Schiene* (s. Kapitel *Aussprache: Besonderheiten in der Aussprache*).

propongo
ich schlage vor

Verben, die auf **-orre** enden (**proporre** – *vorschlagen*, **comporre** – *verfassen*), weisen Unregelmäßigkeiten u. a. im Präsens (**io propongo, tu proponi, lui/lei/Lei propone, noi proponiamo, voi proponete, loro propongono**) und im Imperfetto (**io proponevo, tu proponevi** usw.) auf.

Io propongo di andare tutti allo zoo!
Ich schlage vor, wir gehen alle in den Zoo!

produco
ich produziere

Auch die Verben auf **-urre** (**produrre** – *produzieren*, **tradurre** – *übersetzen*, **condurre** – *führen*) haben Unregelmäßigkeiten u. a. im Präsens (**io traduco, tu traduci, lui/lei/Lei traduce, noi traduciamo, voi traducete, loro traducono**) und im Imperfetto (**io traducevo, tu traducevi** usw.).

La nostra ditta produceva macchine di alta qualità.
Unsere Firma produzierte Geräte von hoher Qualität.

Die 14 wichtigsten unregelmäßigen Verben

essere
sein

Das Verb **essere** *(sein)* ist ein unregelmäßiges Verb, in allen Zeiten! Man muss die Verbformen nur lernen. Denken Sie daran, bei der 3. Person Singular im Präsens einen Akzent zu setzen: **è** *(er/sie/es ist)* – **e** ohne Akzent bedeutet *und.*

È ~~E~~ un periodaccio, va tutto storto.
Es ist eine harte Zeit, alles geht schief.

Dove sei stato? – Ero da Paolo.
Wo bist du gewesen? – Ich war bei Paolo.

Sarebbe bello se tu fossi qui.
Es wäre schön, wenn du hier wärst.

Sarà quel che sarà.
Es kommt wie es kommt. (wörtl.: Es wird so sein, wie es sein wird.)

avere
haben

Ein anderes wichtiges unregelmäßiges Verb ist **avere** *(haben).* Im Präsens muss man auf das **h** in den drei Personen Singular sowie in der 3. Person Plural achten **(io ho, tu hai, lui/lei/Lei ha, loro hanno)**, denn ohne **h** bedeutet **o** *oder,* **ai** und **a** sind Präpositionen und **anno** heißt *Jahr.*

Hanno avuto ~~Anno avuto~~ molta fortuna.
Sie haben viel Glück gehabt.

Cosa avresti fatto al suo posto?
Was hättest du an seiner/ihrer Stelle gemacht?

Avremo fortuna?
Werden wir Glück haben?

dire
sagen

Dire heißt *sagen* und die lateinische Form *dicere* hilft dabei, die konjugierten Formen zu merken, z. B. im Präsens **io dico, tu dici…** oder im Imperfetto **io dicevo, tu dicevi…** Zu achten hierbei ist die Aussprache des Buchstaben **c**: **c** wird (vor **i** und **e**) weich ausgesprochen!

Vorsicht! Der Imperativ (du-Form) lautet **di'** mit Apostroph.

Cosa dice il sindaco?
Was sagt der Bürgermeister?

Dite ~~Dicete~~ che ci sarà anche Stefano?
Sagt ihr, auch Stefano wird dabei sein?

Dimmi cosa posso fare per aiutarti.
Sag mir, was ich machen kann, um dir zu helfen.

Di' ~~Dì~~ a Marta che la chiamo stasera.
Sag Marta, ich rufe sie heute Abend an.

Zoom su...

Ein italienisches Sprichwort lautet: **Tra il dire e il fare c'è di mezzo il mare.** – *Leichter gesagt als getan. (wörtl.: Zwischen dem Sagen und dem Tun liegt das Meer.)*

bere
trinken

Auch bei den konjugierten Formen von **bere** *(trinken)* erkennt man die lateinische Grundform (*bevere*). Wenn Sie diese Form im Hinterkopf behalten, wird alles leichter fallen!

Ho sete. Beviamo qualcosa di fresco.
Ich habe Durst. Trinken wir etwas Frisches.

Da piccolo bevevo le spremute che mi preparava mia nonna.
Als Kind trank ich die frisch gepressten Säfte, die mir meine Oma machte.

fare
tun, machen

Auch bei **fare** *(tun, machen)* hilft das lateinische Verb *facere* bei einigen Formen: **io facevo, tu facevi** (Imperfetto). Im Präsens lauten die Formen: **io faccio, tu fai, lui/lei/Lei fa, noi facciamo, voi fate, loro fanno.**

Beachten Sie, dass **fa** ohne Akzent geschrieben wird und im Imperativ (du-Form) mit einem Apostroph steht: **fa'** – alternativ **fai.**

Cosa fa Michela oggi pomeriggio?
Was macht Michela heute Nachmittag?

Fa' ~~Fa~~ le cose con calma!
Mache alles mit Ruhe!

Oggi facciamo follie.
Heute machen wir mal etwas Ungewöhnliches.

stare
bleiben

Auch das Verb **stare** *(bleiben)* ist unregelmäßig und zudem weist es folgende orthografischen Besonderheiten auf: Die 1. und 3. Person Singular **sto** und **sta** schreibt man im Präsens ohne Akzent, die 3. Person Plural lautet **stanno** mit zwei **n**, im Imperativ (du-Form) gibt es zwei Formen: eine mit Apostroph **sta'**, die andere ohne, **stai.**

Sta ~~Stà~~ lì a guardare e non fa niente.
Er/Sie steht da und macht nichts.

Sta' ~~Sta~~ attento!
Pass auf!

Stanno sempre davanti alla TV.
Sie sitzen immer vor dem Fernseher.

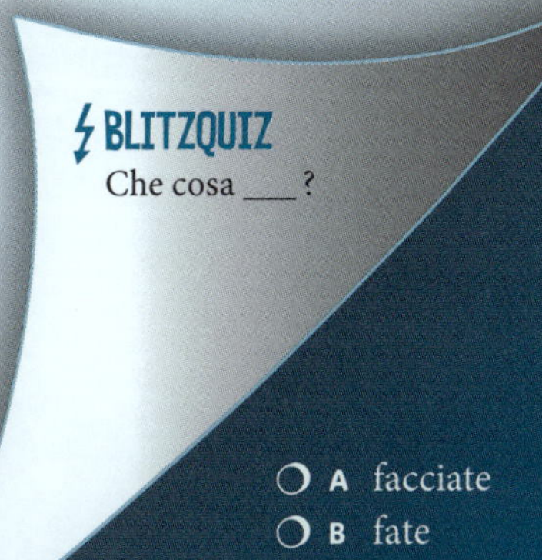

andare
gehen, fahren

Das Verb **andare** *(gehen, fahren)* wird im Präsens so konjugiert: **io vado, tu vai, lui/lei/Lei va, noi andiamo, voi andate, loro vanno.**

Achten Sie darauf, dass **va** ohne Akzent geschrieben wird und im Imperativ (du-Form) mit einem Apostroph steht: **va'** – alternativ **vai.**

Dove vai ~~andi~~ a Capodanno?
Wohin gehst du an Silvester?

Per favore, va'/vai ~~và~~ al supermercato!
Gehe bitte zum Supermarkt!

Dove vanno in vacanza?
Wohin fahren sie in den Ferien?

Non sappiamo ancora dove andremo ~~anderemo~~ in vacanza.
Wir wissen noch nicht, wohin wir in den Urlaub fahren werden.

venire
kommen

Das Verb **venire** *(kommen)* lautet im Präsens so: **io vengo, tu vieni, lui/lei/Lei viene, noi veniamo, voi venite, loro vengono.**

Beachten Sie, dass der Imperativ der du-Form **vieni** heißt, der der Sie-Form **venga.**

Vengo ~~Veno~~ subito. Aspettami!
Ich komme sofort. Warte auf mich!

Verrà fra un'ora.
Er/Sie wird in einer Stunde kommen.

Verrei, se avessi tempo.
Ich würde kommen, wenn ich Zeit hätte.

Lösung Blitzquiz
B

dare
geben

Die Konjugation von **dare** *(geben)* lautet im Präsens: **io do, tu dai, lui/lei/Lei dà** (mit Akzent!), **noi diamo, voi date, loro danno**. Der Imperativ (du-Form) heißt **da'** mit Apostroph oder **dai**!

Mi dà ~~da~~ le sue chiavi di casa.
Er/Sie gibt mir seinen/ihren Hausschlüssel.

Dammi una mano!
Hilf mir! (wörtl.: Gib mir eine Hand!)

Ti danno un regalo.
Sie geben dir ein Geschenk.

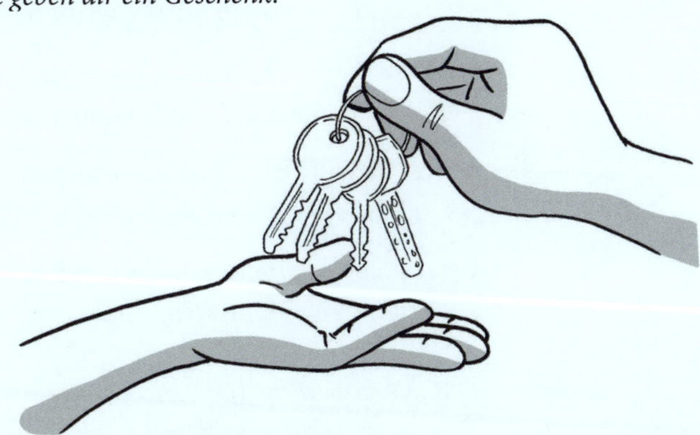

prendere
nehmen

Das Verb **prendere** hat ein unregelmäßiges Partizip, das man sich merken sollte!

Hai preso ~~Hai prenduto~~ un bel voto. Brava!
Du hast eine gute Note bekommen. Bravo!

potere
können, dürfen

Das Modalverb **potere** *(können, dürfen)* ist im Präsens ganz unregelmäßig: **io posso, tu puoi, lui/lei/Lei può, noi possiamo, voi potete, loro possono.**

Puoi ~~Poi~~ passare dalla nonna?
Kannst du bei Großmutter vorbeigehen?

Posso ~~Pò~~ chiamarti verso le due?
Darf/Kann ich dich gegen zwei Uhr anrufen?

dovere
müssen, sollen

Auch das Modalverb **dovere** *(müssen, sollen)* hat unregelmäßige Formen im Präsens: **io devo, tu devi, lui/lei/Lei deve, noi dobbiamo, voi dovete, loro devono**.

Devo ~~Dovo~~ andare alla stazione.
Ich muss/soll zum Bahnhof gehen.

Dobbiamo ~~Doviamo~~ fare più sport.
Wir müssen/sollen mehr Sport treiben.

volere
wollen

Das Modalverb **volere** *(wollen)* hat auch unregelmäßige Formen im Präsens: **io voglio, tu vuoi, lui/lei/Lei vuole, noi vogliamo, voi volete, loro vogliono**.

Quando vuole ~~vole~~ venire a trovarti?
Wann will er/sie dich besuchen kommen?

Vorrei un caffè e un bicchiere d'acqua.
Ich möchte einen Kaffee und ein Glas Wasser.

Gli studenti vogliono ~~voliono~~ fare lezione online.
Die Studenten möchten Online-Unterricht haben.

sapere
wissen, können

Das Verb **sapere** *(wissen, können)* hat zwei Bedeutungen (s. Kapitel *Wortschatz und Wortbildung: Häufig verwechselte Wörter* und *Grammatik: Passato prossimo und Imperfetto: sapere – conoscere*). Die Konjugation im Präsens lautet: **io so, tu sai, lui/lei/Lei sa, noi sappiamo, voi sapete, loro sanno**.

So ~~Sapo/Sò~~ che viene anche lui al cinema.
Ich weiß, dass auch er ins Kino kommt.

Sappiamo ~~Sapiamo~~ parlare molto bene l'inglese e l'italiano.
Wir können sehr gut Englisch und Italienisch sprechen.

Reflexiv oder nicht?

io mi sveglio
ich wache auf

Viele Verben, die im Italienischen reflexiv sind, sind es im Deutschen nicht. Einige Beispiele sind **chiamarsi** *(heißen)*, **alzarsi** *(aufstehen)*, **svegliarsi** *(aufwachen)*, **addormentarsi** *(einschlafen)*, **sposarsi** *(heiraten)*, **trasferirsi** *(umziehen)*, **accorgersi** *(bemerken)*, **ammalarsi** *(krank werden)*. Das gilt aber auch umgekehrt: Einige Verben sind im Deutschen reflexiv und nicht im Italienischen, wie z. B. **ringraziare** *(sich bedanken)*. Bei den reflexiven Verben im Italienischen – anders als im Deutschen – stehen die Reflexivpronomen **mi, ti, si, ci, vi, si** meist vor dem konjugierten Verb.

Domani ci alziamo presto e andiamo a correre.
Morgen stehen wir früh auf und gehen laufen.

Möchten Sie nicht früh aufstehen, dann sagen Sie:

Domani non mi alzo presto.
Morgen stehe ich nicht früh auf.

Domani non mi voglio alzare presto. / Domani non voglio alzarmi presto.
Morgen will ich nicht früh aufstehen.

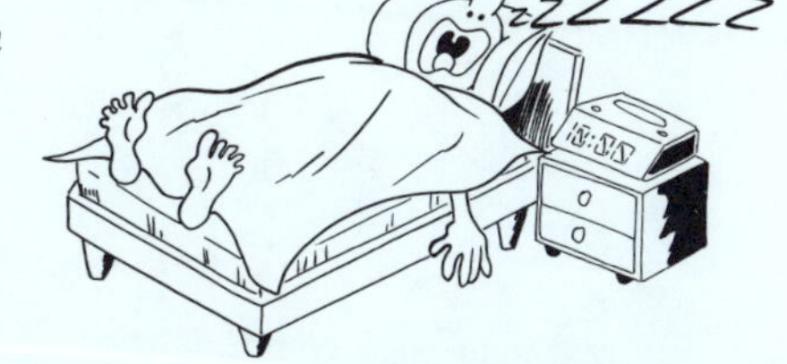

Achtung! Die Verneinung **non** steht immer vor dem Pronomen!

Zoom su...

Weitere reflexive Verben im Deutschen, die im Italienischen nicht reflexiv sind, sind neben **ringraziare** auch **soggiornare** – *sich aufhalten*, **essere contento** – *sich freuen*, **tenere a mente** – *sich merken*, **vomitare** – *sich übergeben*.

io mi sono riposata/-o
ich habe mich ausgeruht

noi ci siamo riposati/-e
wir haben uns ausgeruht

Reflexive Verben in den zusammengesetzten Zeiten werden in der Regel im Italienischen, anders als im Deutschen, mit dem Hilfsverb **essere** *(sein)* konjugiert. Das Partizip richtet sich dabei in Geschlecht und Zahl nach dem Subjekt.

Le giornate si sono allungate.
Die Tage sind länger geworden.

Wenn ein reflexives Verb zusammen mit einem Modalverb, d. h. mit **volere** *(wollen)*, **potere** *(können, dürfen)*, **dovere** *(sollen, müssen)*, auftritt, passen Sie auf! Steht das Reflexivpronomen vor dem konjugierten Verb, dann wird nach der Regel das Hilfsverb **essere** verwendet.

Si è voluto organizzare da solo.
Er wollte sich allein organisieren.

Wenn das Reflexivpronomen an den Infinitiv angehängt wird, steht dagegen das Hilfsverb **avere**.

Ha voluto organizzarsi da solo.
Er wollte sich allein organisieren.

Zoom su...

Es gibt Verben, die nicht reflexiv sind, die aber in der gesprochenen Sprache reflexiv verwendet werden, damit das Subjekt hervorgehoben wird: **mangiarsi, comprarsi, bersi** usw.

Mi sono mangiata tutte le fragole. (= Ho mangiato tutte le fragole.) – *Ich habe alle Erdbeeren gegessen (sie mir reingezogen).*

Verben mit Akkusativ und Dativ

Telefono a Giulio.
Ich rufe Giulio an.

Gli telefono.
Ich rufe ihn an.

Manche Verben haben im Italienischen anders als im Deutschen eine andere Ergänzung. Italienische Verben, die eine Dativergänzung verlangen, während sie im Deutschen vom Akkusativobjekt gefolgt werden, sind z. B. **telefonare a qn** *(jdn anrufen)*, **chiedere/domandare a qn** *(jdn fragen)*, **insegnare a qn** *(jdn lehren)*, **mentire a qn** *(jdn anlügen)*, **ricordare a qn** *(jdn erinnern)*, **fare sapere a qn** *(jdn wissen lassen)*.

Adesso chiedo a Fabio se telefona a Irene.
Jetzt frage ich Fabio, ob er Irene anruft.

Steht ein Pronomen im Satz, sollte man noch gründlicher über das richtige Objektpronomen nachdenken!

Adesso gli chiedo se le telefona.
Nun frage ich ihn, ob er sie anruft.

Aiuto Giulio.
Ich helfe Giulio.

Lo aiuto.
Ich helfe ihm.

Andersrum gibt es Verben, die im Italienischen einen Akkusativ verlangen, während sie im Deutschen von einer Dativergänzung gefolgt werden. Das ist der Fall z. B. bei **aiutare qn** *(jdm helfen)*, **ascoltare qn** *(jdm zuhören)*, **ringraziare qn** *(jdm danken)*, **seguire qn** *(jdm folgen)*, **incontrare qn** *(jdm begegnen, jdm treffen)*, **licenziare qn** *(jdm kündigen)*, **minacciare qn** *(jdm drohen)*, **contraddire qn** *(jdm widersprechen)*, **perdonare qn** *(jdm verzeihen)*.

Aiuti tu i bambini a fare i compiti?
Hilfst du den Kindern bei den Hausaufgaben?

Wird das Substantiv durch ein Pronomen ersetzt, achten Sie auf das Objektpronomen, das Sie verwenden!

Li aiuti tu a fare i compiti?
Hilfst du ihnen bei den Hausaufgaben?

QUIZ
Verben mit Besonderheiten

	A	B
1. Quest'estate ____ la casa?	❍ A imbianchiamo	❍ B imbianciamo
2. Perché ____ l'evidenza?	❍ A neghi	❍ B negi
3. Dormiglione! A che ora ti ____ svegliato?	❍ A hai	❍ B sei
4. Poi ____ chiedo un passaggio.	❍ A gli	❍ B lo
5. Stasera ____ telefono.	❍ A la	❍ B le
6. Da quanti anni ____ ?	❍ A sci	❍ B scii
7. Non ____ più in aereo.	❍ A viaggerò	❍ B viaggierò
8. Che fai? ____ una torre con il lego?	❍ A Costruisci	❍ B Costrui
9. Purtroppo Fabiana si è ____ di nuovo.	❍ A ammalato	❍ B ammalata
10. Gli ____ sempre ragione! È incredibile!	❍ A da	❍ B dà
11. ____ prenotare tu il volo?	❍ A Poi	❍ B Puoi
12. Hai ____ anche il mio passaporto?	❍ A prenduto	❍ B preso
13. Dove ____ in vacanza?	❍ A anderete	❍ B andrete
14. Cosa ____ stasera? Vieni con me al cinema?	❍ A fa	❍ B fai

Lösungen

1. A, 2. A, 3. B, 4. A, 5. B, 6. B, 7. A, 8. A, 9. B, 10. B, 11. B, 12. B, 13. B, 14. B

GRAMMATIK

Passato prossimo mit essere oder avere?

ho avuto
ich habe gehabt

Die meisten Verben bilden das Passato prossimo mit dem Hilfsverb **avere** *(haben)*. Bei Sätzen im Passato prossimo mit **avere** bleibt das Partizip meist unverändert.

Vorsicht! Im Italienischen werden, im Gegensatz zum Deutschen, auch folgende Verben mit dem Hilfsverb **avere** konjugiert: **viaggiare – ho viaggiato** *(ich bin gereist)*, **nuotare – ho nuotato** *(ich bin geschwommen)*, **sciare – ho sciato** *(ich bin Ski gefahren)*, **camminare – ho camminato** *(ich bin gegangen)*, **girare – ho girato** *(ich bin herumgelaufen/abgebogen)*.

Ieri abbiamo camminato ~~siamo camminati~~ molto.
Gestern sind wir viel gelaufen.

Steht ein Modalverb – **dovere** *(müssen, sollen)*, **potere** *(können, dürfen)*, **volere** *(wollen)* – im Satz, wird das Passato prossimo mit **avere** gebildet.

Hanno voluto comprare un'altra macchina.
Sie haben ein anderes Auto kaufen wollen.

l'ho mangiato/-a / li ho mangiati / le ho mangiate
ich habe es/ihn/sie gegessen

Beim Passato prossimo mit **avere** wird das Partizip an Geschlecht und Zahl des Objektes angeglichen, wenn ein direktes Objekt **lo**, **la**, **li**, **le** vorausgeht. **Lo** und **la** werden apostrophiert.

Hai comprato gli occhiali? – Sì, li ho comprati.
Hast du die Brille gekauft? – Ja, ich habe sie gekauft.

La pizza con l'ananas? Non l'ho mai mangiata!
Pizza mit Ananas? Die habe ich noch nie gegessen!

sono stato
ich bin gewesen

Einige Verben – vor allem die Verben der Bewegung – bilden das Passato prossimo mit dem Hilfsverb **essere** *(sein)*. Wenn das Passato prossimo mit **essere** gebildet wird, dann richtet sich das Partizip in Geschlecht und Zahl nach dem Subjekt.

Giulia è andata al cinema, Marco è andato in piscina. Poi, insieme, sono andati al bar.
Giulia ist ins Kino gegangen, Marco ist ins Schwimmbad gegangen. Danach sind sie zusammen ins Café gegangen.

Anders als im Deutschen werden z. B. folgende Verben mit dem Hilfsverb **essere** gebildet: **bastare – è bastato** *(es hat gereicht/genügt)*, **costare – è costato** *(es hat gekostet)*, **dispiacere – mi è dispiaciuto** *(es hat mir leid getan)*, **durare – è durato** *(es hat gedauert)*, **piacere – mi è piaciuto** *(es hat mir gefallen)*.

Quanto è durato ~~ha durato~~ il viaggio in macchina?
Wie lange hat die Fahrt mit dem Auto gedauert?

Reflexive und reflexiv gebrauchte Verben sowie unpersönliche und unpersönlich gebrauchte Verben bilden im Italienischen im Gegensatz zum Deutschen das Passato prossimo immer mit dem Hilfsverb **essere**.

In vacanza ci siamo riposati ~~ci abbiamo riposato~~.
Im Urlaub haben wir uns erholt.

Die Modalverben **dovere** *(müssen, sollen)*, **potere** *(können, dürfen)*, **volere** *(wollen)* bilden das Passato prossimo mit **essere**, wenn auf sie ein Verb folgt, das **essere** verlangt – z. B. **venire** *(kommen)* → **sono venuto – sono voluto venire**.

Carla non è potuta venire.
Carla konnte nicht kommen.

è finito/-a - ha finito
... ist beendet - ... hat beendet

Es gibt im Italienischen auch Verben, die sowohl mit dem Hilfsverb **avere** als auch mit dem Hilfsverb **essere** konjugiert werden können. Es sind Verben, die man sowohl mit einem Objekt als auch ohne Objekt verwenden kann. Werden sie mit Objekt verwendet, bilden sie das Passato prossimo mit **avere**, können sie nicht mit einem Objekt stehen, bilden sie das Passato prossimo mit **essere**.

Zu dieser Gruppe von Verben gehören z. B. **finire** *(beenden)*, **iniziare** *(beginnen)*, **cominciare** *(anfangen)*, **cambiare** *(tauschen, (ver)ändern)*, **aumentare** *(steigern, erhöhen)*, **diminuire** *(senken, verringern)*, **mancare** *(verfehlen, ausfallen)*, **passare** *(geben/reichen, vorbeigehen/-kommen)*.

Ho finito il lavoro.
Ich habe die Arbeit beendet.

La lezione è finita.
Der Unterricht ist beendet.

Hai cambiato vestito?
Hast du das Kleid gewechselt?

Sono cambiata.
Ich habe mich verändert.

Hai passato gli appunti a Paolo?
Hast du Paolo die Notizen gegeben?

Siamo passati da Marta.
Wir sind bei Marta vorbeigegangen.

Passato prossimo oder Imperfetto?

io sono andato/-a
ich bin gegangen

io andavo
ich ging

Passato prossimo und Imperfetto sind zwei Zeiten der Vergangenheit, deren Bildung ähnlich wie im Deutschen ist: **ho parlato** (Passato prossimo) – *ich habe gesprochen* (Perfekt) / **parlavo** (Imperfetto) – *ich sprach* (Präteritum).

Im Allgemeinen benutzt man das Passato prossimo im Italienischen – wie auf Deutsch das Perfekt – für gerade abgeschlossene Handlungen, punktuelle Ereignisse und Handlungsketten.

Poco fa ho fatto una passeggiata e ho visto uno scoiattolo.
Vor kurzem habe ich einen Spaziergang gemacht und habe ein Eichhörnchen gesehen.

Gut zu wissen! Es gibt Signalwörter für das Passato prossimo, wie z. B. **improvvisamente** *(plötzlich)*, **all'improvviso** *(auf einmal)*, **una volta** *(einmal)*, **appena** *(gerade)*, **tutto il giorno** *(den ganzen Tag)*, **tutto l'anno** *(das ganze Jahr)*, **da… a…** *(von ... bis …)*.

Sono stato ~~Stavo~~ male tutto il giorno.
Mir war den ganzen Tag schlecht.

Improvvisamente qualcuno ha bussato ~~bussava~~ alla porta.
Plötzlich klopfte jemand an die Tür.

Buono a sapersi!

Eine weitere Zeit der Vergangenheit ist das Passato remoto (z. B. **io andai** – *ich ging*). Viele Verben haben in dieser Zeit unregelmäßige Formen, die in literarischen bzw. geschriebenen Texten verwendet werden. In der gesprochenen Sprache wird das Passato remoto in Norditalien durch das Passato prossimo ersetzt, während es in Süditalien auch im Alltagsgebrauch zu hören ist.

io sono andato/-a
ich bin gegangen

io andavo
ich ging

Das Imperfetto verwendet man im Italienischen, um wiederholte Handlungen und Gewohnheiten sowie Beschreibungen von Personen, Zuständen, Situationen, Stimmungen, d. h. im Allgemeinen, um den Hintergrund eines Ereignisses anzugeben.

Andava in piscina tre volte alla settimana, anche se era buio e faceva molto freddo.
Er/Sie ging dreimal in der Woche ins Schwimmbad, auch wenn es dunkel und sehr kalt war.

Gut zu wissen! Die Signalwörter für das Imperfetto sind u. a. **sempre** *(immer)*, **normalmente** *(normalerweise)*, **di solito** *(gewöhnlich)*, **una volta** *(damals/früher)*.

Di solito mi accompagnava alla stazione.
Gewöhnlich begleitete er/sie mich zum Bahnhof.

Era molto sportivo, normalmente faceva jogging.
Er war sehr sportlich, normalerweise joggte er.

Una volta non c'era tutto questo traffico.
Damals/Früher gab es so viel Verkehr nicht.

Faceva freddo.
Es war kalt.

Ho iniziato a tremare.
Ich habe angefangen zu zittern.

Beide Zeiten, das Passato prossimo und das Imperfetto, können nacheinander erscheinen. Vor allem wenn man beide Zeiten in derselben Erzählung verwendet, passieren manchmal Fehler.

Im Allgemeinen beantwortet das Imperfetto die Frage „Wie war es?“ und das Passato prossimo die Frage „Was ist geschehen?“.

Ero stanco e mi sono addormentato subito.
Ich war müde und schlief sofort ein.

quando ha letto
als er/sie gelesen hat

Die Konjunktion **quando** (s. auch Kapitel *Wortschatz und Wortbildung: Häufig verwechselte Wörter*) kann sowohl das Imperfetto als auch das Passato prossimo einleiten, je nach seiner Bedeutung.

quando leggeva
als er/sie las

quando = nel momento in cui *(als/wenn = in dem Moment, in dem)* + Passato prossimo:

Quando sei arrivata ~~arrivavi~~, io ero in giardino.
Als du kamst, war ich im Garten.

quando = tutte le volte che *(als/wenn = alle Male, dass)* + Imperfetto:

Quando lui leggeva, non volava una mosca.
Als er las, hörte man keinen Pieps (wörtl.: hörte man keine Fliege fliegen).

Mentre studiavi, io dipingevo.
Während du lerntest, malte ich.

Gut zu wissen! Nach **mentre** *(während)* verwendet man in der Vergangenheit immer das Imperfetto!

Wenn eine Reihe von Handlungen in der Vergangenheit gleichzeitig parallel ablaufen, dann stehen diese Handlungen alle im Imperfetto.

Mentre cucinavi, io stiravo le camicie.
Während du kochtest, bügelte ich die Hemden.

Mentre parlavi, il cellulare si è spento.
Während du sprachst, ist das Handy ausgegangen.

Hat man dagegen ein Ereignis, das eine andere laufende Handlung unterbricht, dann steht das auftretende Ereignis im Passato prossimo, die andere Handlung dagegen im Imperfetto.

Mentre scrivevo, è scoppiato ~~scoppiava~~ il temporale.
Während ich schrieb, brach ein Gewitter los.

Passato prossimo oder Imperfetto: volere – potere – dovere

Giulia ha voluto parlare.
Giulia hat sprechen wollen.

Giulia voleva parlare.
Giulia wollte sprechen.

Die Modalverben **volere** *(wollen)*, **potere** *(können, dürfen)*, **dovere** *(müssen, sollen)* haben zwei verschiedene Bedeutungen, je nachdem, ob sie im Passato prossimo oder im Imperfetto stehen. Im Passato prossimo drücken sie eine Tatsache aus: Das Ereignis ist geschehen. Im Imperfetto dagegen drücken sie eine Absicht oder eine gewisse Unsicherheit aus: Es ist nicht eindeutig, ob das Ereignis passiert ist, daher werden in diesem Fall zusätzliche Informationen benötigt.

Giulia ha voluto parlare con il capo. Anche ieri voleva parlargli, ma poi ha cambiato idea.
Giulia hat mit dem Chef sprechen wollen. Auch gestern wollte sie mit ihm sprechen, aber sie hat dann ihre Meinung geändert.

È dovuta andare dal medico, poi doveva andare in farmacia, ma non so se ci è andata.
Sie hat zum Arzt gehen müssen, dann musste sie in die Apotheke gehen, aber ich weiß nicht, ob sie hingegangen ist.

Ada ha potuto partecipare al corso, anche Sandro poteva partecipare e penso che si sia iscritto.
Ada hat an dem Kurs teilnehmen können, auch Sandro konnte teilnehmen und ich denke, er hat sich auch gemeldet.

Zoom su...

Das Imperfetto von **volere** verwendet man auch, um etwas höflich zu fragen im Sinne von **vorrei** *(ich möchte)*.

Volevo/Vorrei parlare con te. – *Ich möchte mit dir sprechen.*

Zudem stellt es eine zurückhaltende Art bzw. eine Absicht dar, etwas zu äußern.

Volevo dire anche la mia opinione. – *Ich würde gerne auch meine Meinung sagen.*

Passato prossimo oder Imperfetto: sapere – conoscere

Cristina ha saputo
Cristina hat ... erfahren

Cristina sapeva
Cristina wußte

Es gibt Verben auf Italienisch, die etwas Unterschiedliches bedeuten je nachdem, in welcher Zeit sie stehen.

Das Verb **sapere** bedeutet im Infinitiv *können*, *wissen* (s. Kapitel *Wortschatz und Wortbildung: Häufig verwechselte Wörter* und *Grammatik: Die 14 wichtigsten unregelmäßigen Verben*). Steht das Verb im Passato prossimo, bedeutet es *erfahren* (z. B. **ho saputo** – *ich habe erfahren*). Steht es im Imperfetto, bedeutet es *wissen* (z. B. **sapevo** – *ich wusste*).

Hai saputo cosa è successo ieri?
Hast du erfahren, was gestern geschehen ist?

Non lo sapevi!?
Wusstest du das nicht!?

Marco ha conosciuto
Marco hat ... kennengelernt

Marco conosceva
Marco kannte

Auch das Verb **conoscere** *(kennen)* hat zwei verschiedene Bedeutungen, je nachdem ob es im Passato prossimo (**ho conosciuto** – *ich habe kennengelernt*) oder im Imperfetto (**conoscevo** – *ich kannte*) steht.

Ieri ho conosciuto il mio nuovo vicino.
Gestern habe ich den neuen Nachbarn kennengelernt.

A grandi linee conoscevo la storia, non i dettagli.
Grob kannte ich die Geschichte, aber nicht die Details.

1. Francesca ____ uscire.	❍ A	è dovuta	❍ B	ha dovuto
2. Piero ____ prendere un altro cane?	❍ A	è voluto	❍ B	ha voluto
3. Quanto ____ durato il film?	❍ A	è	❍ B	ha
4. ____ camminato in riva al mare.	❍ A	Ha	❍ B	È
5. Dove ____?	❍ A	vi siete conosciuti	❍ B	vi conoscevate
6. Di solito ____ in vacanza al mare.	❍ A	siamo andati	❍ B	andavamo
7. All'improvviso ____ l'arcobaleno.	❍ A	è apparso	❍ B	appariva
8. ____ andare in pizzeria, ma poi sono rimasti a casa.	❍ A	Sono voluti	❍ B	Volevano
9. Non ____ comprare la macchina. Non avevano abbastanza soldi.	❍ A	potevano	❍ B	hanno potuto
10. ____ andare al supermercato, ma poi ho guardato un film alla TV.	❍ A	Dovevo	❍ B	Sono dovuto
11. ____ che domani c'è sciopero.	❍ A	Ho saputo	❍ B	Sapevo

Lösung Blitzquiz
B

12. Non ____ che si fossero lasciati. — ❍ A sapevo — ❍ B ho saputo

13. Mentre ____ , sono caduta. — ❍ A camminavo — ❍ B ho camminato

14. ____ tutto il giorno. Adesso mi riposo un po'. — ❍ A Ho lavorato — ❍ B Lavoravo

15. Da piccola ____ sempre con le bambole. — ❍ A giocavo — ❍ B ho giocato

16. Ieri quando ____ la porta, è arrivato subito il gatto. — ❍ A aprivo — ❍ B ho aperto

17. Una volta non ____ così. — ❍ A eri — ❍ B sei stato

18. Quando ____ il libro, me lo presti? — ❍ A hai finito — ❍ B finivi

19. Una volta si ____ meglio. — ❍ A è stati — ❍ B stava

20. All'improvviso ____ tu. — ❍ A sei arrivato — ❍ B arrivavi

21. Per abitudine, ____ colazione insieme. — ❍ A facevamo — ❍ B abbiamo fatto

Lösungen

1. A, 2. B, 3. A, 4. A, 5. A, 6. B, 7. A, 8. B, 9. B, 10. A, 11. A, 12. A, 13. A, 14. A, 15. A, 16. B, 17. A, 18. A, 19. B, 20. A, 21. A

GRAMMATIK

Congiuntivo oder Indicativo?

che tu venga
dass du kommst

che tu sia venuto
dass du gekommen bist

che tu venissi
dass du kommen würdest

che tu fossi venuto
dass du gekommen wärest

Den Congiuntivo im Italienischen kann man nicht mit dem deutschen Konjunktiv vergleichen. Während im Deutschen dieser Modus in der indirekten Rede und vor allem in schriftlichen Texten steht, wird der Congiuntivo im Italienischen häufiger verwendet. Er steht oft in Nebensätzen, wird durch **che** *(dass)* eingeleitet und hängt von Verben und Ausdrücken ab, die ihn auslösen.

Es gibt vier Formen: Congiuntivo presente, Congiuntivo passato, Congiuntivo imperfetto, Congiuntivo trapassato.

Stehen die Verben im Hauptsatz im Präsens, folgt der Congiuntivo presente oder passato.

Penso che venga ~~viene~~ anche lui. / sia venuto ~~è venuto~~ anche lui.
Ich denke, dass er auch kommt. / dass er auch gekommen ist.

Ist der Hauptsatz im Passato prossimo / Imperfetto, folgt der Congiuntivo imperfetto oder trapassato.

Pensavo che venisse ~~veniva~~ anche lui. / fosse venuto ~~era venuto~~ anche lui.
Ich dachte, dass er auch kommen würde. / dass er auch gekommen wäre.

io - io
ich - ich

io - tu
ich - du

Achtung! Wenn ein Ausdruck im Hauptsatz steht, der einen Congiuntivo im Nebensatz erfordert, aber das Subjekt von Haupt- und Nebensatz gleich ist, wird kein Congiuntivo angewendet, sondern ein Infinitivsatz.

(Io) Penso di andare al cinema.
Ich denke, ich gehe ins Kino.

(Io) Penso che (lui) vada al cinema.
Ich denke, dass er ins Kino geht.

penso che
ich denke, dass

pensavo che
ich dachte, dass

Eine große Gruppe von Verben, die den Congiuntivo verlangen, sind Verben und persönliche Ausdrücke des Meinens und des Glaubens, wie **pensare che** *(denken, dass)*, **ritenere che** *(behaupten, dass)*, **credere che** *(glauben, dass)* oder die unpersönliche Form von **sembrare**: **mi/ti/… sembra che** *(mir/dir/… scheint es, dass)*.

Penso che parta ~~parte~~ domani.
Ich denke, dass er morgen abfährt.

Credo che sia andato ~~è andato~~ all'università.
Ich glaube, dass er zur Uni gegangen ist.

Pensavo / Ho pensato che arrivasse ~~arriverebbe~~ in ritardo.
Ich dachte, dass er zu spät kommen würde.

Pensavo / Ho pensato che ti avesse telefonato ~~avrebbe telefonato~~.
Ich dachte, dass er dich angerufen hätte.

secondo me
meiner Meinung nach

Wir können unsere Meinung auch ohne Congiuntivo, sondern mit dem Indikativ äußern, z. B. mit Ausdrücken wie **secondo me** *(meiner Meinung nach)* und **per me** *(für mich)*.

Secondo me, lui è andato al cinema.
Meiner Meinung nach ist er ins Kino gegangen.

spero che
ich hoffe, dass

dubito che
ich bezweifle, dass

Der Congiuntivo steht nach Verben der Hoffnung, Wünschen und Zweifel wie z. B. **sperare che** *(hoffen, dass)*, **desiderare che** *(wünschen, dass)*, **volere che** *(wollen, dass)*, **preferire che** *(bevorzugen, dass)*, **dubitare che** *(bezweifeln, dass)*.

Speriamo che abbia superato ~~ha superato~~ l'esame.
Hoffen wir, dass er/sie die Prüfung bestanden hat.

sono felice che
ich freue mich, dass

Der Congiuntivo steht auch nach Verben der Gefühlsäußerung (Freude, Angst, Bedauern, Gefallen usw.) wie z. B. **essere felice/triste che** *(froh/traurig sein, dass)*, **aver paura che** *(Angst haben, dass)*, **temere che** *(befürchten, dass)*, und nach Konstruktionen wie **mi dispiace che** *(ich bedaure, dass / es tut mir leid, dass)*, **mi piace che** *(es gefällt mir, dass)*.

Mi dispiace che lui non possa ~~può~~ venire a cena da noi.
Es tut mir leid, dass er nicht zu uns zum Abendessen kommen kann.

è importante che
es ist wichtig, dass

Congiuntivo-Auslöser sind auch unpersönliche Ausdrücke wie z. B. **è (im)possibile che** *(es ist (un)möglich, dass)*, **è necessario che** *(es ist notwendig, dass)*, **è importante che** *(es ist wichtig, dass)*, **è chiaro che** *(es ist klar, dass)*, **è difficile che** *(es ist schwierig, dass)*, **è interessante che** *(es ist interessant, dass)*, **è (im)probabile che** *(es ist (un)wahrscheinlich, dass)*, **è meglio che** *(es ist besser, dass)*, **non è detto che** *(es wird nicht gesagt, dass)*, **si dice che** *(man sagt, dass)*, **basta che** *(es reicht, dass)*, **sembra che** *(es scheint, dass)*.

È importante che ci sia ~~ci sei~~ anche tu.
Es ist wichtig, dass auch du dabei bist.

Attenzione!

Steht ein Adverb anstelle eines unpersönlichen Ausdruckes im Satz, benutzt man den Indikativ.

È probabile che non ci siano più biglietti. –
Es ist wahrscheinlich, dass es keine Karten mehr gibt.

Probabilmente non ci sono più biglietti. –
Wahrscheinlich gibt es keine Karten mehr.

non sono sicura che
ich bin mir nicht sicher, dass

sono sicura che
ich bin sicher, dass

Möchten Sie Unsicherheit oder im Gegenteil Sicherheit äußern? Bei Unsicherheit verwendet man den Congiuntivo: **non sono sicuro/-a che** *(ich bin mir nicht sicher, dass)*, **non sono convinto/-a che** *(ich bin nicht überzeugt, dass)*. Wenn man dagegen absolut sicher ist, verwendet man den Indikativ: **sono convinto/-a che** *(ich bin überzeugt, dass)*, **sono sicuro/-a / certo/-a che** *(ich bin sicher, dass)*.

Non sono sicura che abbia capito ~~ha capito~~.
Ich bin mir nicht sicher, dass er/sie verstanden hat.

Sono sicura che ha capito la regola.
Ich bin sicher, dass er/sie die Regel verstanden hat.

sebbene
obwohl

Der Congiuntivo steht auch nach Konjunktionen wie z. B. **prima che** *(bevor)*, **senza che** *(ohne dass)*, **come se** *(als ob)*, **in modo che** *(in der Art, dass)*, **benché/sebbene** *(obwohl)*, **nel caso che** *(im Falle, dass)*.

Sebbene lo sapesse ~~sapeva~~, ha parcheggiato la macchina in divieto di sosta.
Obwohl er/sie es wusste, parkte er/sie das Auto im Halteverbot.

ovunque
wo auch immer

Außerdem benutzt man den Congiuntivo auch nach den Indefinita wie z. B. **chiunque** *(wer auch immer)*, **ovunque** *(wo auch immer)*, **qualsiasi** *(irgendetwas)*, **qualunque** *(was auch immer)*.

Ovunque tu sia ~~sei~~, penserò a te.
Wo auch immer du bist, werde ich an dich denken.

Buono a sapersi!

Den Congiuntivo verwendet man gewöhnlich auch in Redewendungen wie **vada come vada** *(wie auch immer es ausgehen wird)*, **sia come sia** *(wie dem auch sei)*, **costi quel che costi** *(koste es, was es wolle / um jeden Preis)*.

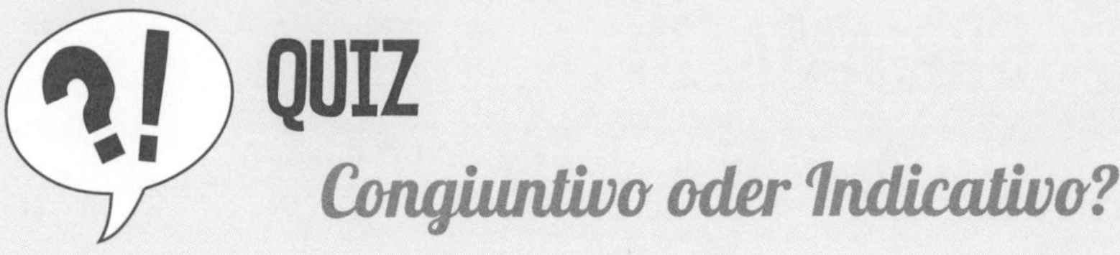

		A	B
1.	Mi sembra che il treno ____ in ritardo.	❍ A è	❍ B sia
2.	Speriamo che Monica ____ presto.	❍ A arriva	❍ B arrivi
3.	Probabilmente ____ in macchina.	❍ A viene	❍ B venga
4.	Pensava che tu ____ già arrivata.	❍ A fossi	❍ B saresti
5.	Mi dispiace che voi non ____ venire.	❍ A possiate	❍ B potete
6.	Non è sicura che ____ davvero la cosa giusta da fare.	❍ A sia	❍ B è
7.	Credevi che ____ a casa?	❍ A fossi	❍ B sia
8.	Non è detto che lui ____.	❍ A parta	❍ B parte
9.	Sebbene ____ la febbre, è andato a lavorare.	❍ A avesse	❍ B ha
10.	Sono sicura che ____ il primo premio.	❍ A vincerà	❍ B vinca
11.	Pensano ____.	❍ A che ce la facciano	❍ B di farcela
12.	È bello che tu ____ qui.	❍ A sia	❍ B sei

Lösungen

1. B, 2. B, 3. A, 4. A, 5. A, 6. A, 7. A, 8. A, 9. A, 10. A, 11. B, 12. A

GRAMMATIK

si-Konstruktion und Passivsätze

si mangia la pasta
man isst Nudeln

si mangiano i tortellini
man isst Tortellini

Ist das Subjekt unbestimmt, kann man dieses durch **si** *(man)* ausdrücken.

Qui si mangia la migliore pasta di Bologna.
Hier isst man die besten Nudeln Bolognas.

Qui si mangiano ~~mangia~~ i migliori tortellini di Bologna.
Hier isst man die besten Tortellini Bolognas.

Im Gegensatz zum Deutschen beziehen sich die Verben, die nach **si** stehen, auf das Objekt und richten sich nach ihm. Ist das Objekt Einzahl (**la pasta**), folgt das Verb in der 3. Person Singular (**si mangia**). Steht das Objekt in der Mehrzahl (**i tortellini**), dann folgt auch das Verb in der 3. Person Plural (**si mangiano**).

Achtung! Bei zusammengesetzten Formen verwendet man immer das Hilfsverb **essere**.

Nella realtà si sono viste ~~si ha visto~~ cose prima inimmaginabili.
In der Wirklichkeit hat man Dinge gesehen, die vorher unvorstellbar waren.

L'italiano è/ viene studiato da...
Italienisch wird von ... gelernt

Verben mit einem direkten Objekt können das Passiv bilden. In Passivsätzen wird das Objekt zum Subjekt. Die oder der Handelnde wird mit der Präposition **da** genannt.

Die Passivsätze können mit **essere** oder **venire** + Partizip gebildet werden. Mit **essere** drückt man einen Zustand aus, mit **venire** eher einen Vorgang.

L'italiano è studiato da molte persone.
L'italiano viene studiato da molte persone.
Italienisch wird von vielen Leuten gelernt.

Achtung! **Venire** verwendet man nur bei den einfachen Zeiten.

L'italiano va studiato regolarmente.
Italienisch muss man regelmäßig lernen.

Passivsätze können auch mit **andare** + Partizip gebildet werden. Sätze mit **andare** werden im Deutschen meist mit *müssen* wiedergegeben.

La stanza va sistemata subito.
Das Zimmer muss sofort aufgeräumt werden.

Achtung! Auch **andare** verwendet man nur bei den einfachen Zeiten.

QUIZ

si-Konstruktion und Passivsätze

	A	B
1. Dove ____ i francobolli?	❍ A si compra	❍ B si comprano
2. Come ____ il tiramisù?	❍ A si fa	❍ B si fanno
3. Ieri la strada ____ al traffico.	❍ A è stata chiusa	❍ B viene chiusa
4. L'edificio ____ nel 1990 da un famoso architetto.	❍ A è stato costruito	❍ B è costruito
5. Una mail ____ a tutti i dipendenti.	❍ A verrà inviata	❍ B sarà venuta inviata
6. La tavola ____.	❍ A è venuta apparecchiata	❍ B è stata apparecchiata
7. Questo lavoro ____ entro stasera.	❍ A è fatto	❍ B va fatto
8. Questo romanzo è stato premiato ____ giuria.	❍ A dalla	❍ B da

Lösungen
1. B, 2. A, 3. A, 4. A, 5. A, 6. B, 7. B, 8. A

GRAMMATIK

Zahlen

ventuno - ventotto
21 - 28

ventitré - trentatré
23 - 33

mille - duemila
1000 - 2000

Zahlen braucht man nicht nur für Mathe! Zahlen sind wichtig im Alltag: Mengen, Datum, Uhrzeit usw.

Ab 21 liest man die Zahlen im Italienischen, anders als im Deutschen, von links nach rechts, z. B. 25 = **venticinque** *(wörtl.: zwanzig fünf)*.

Der letzte Buchstabe von **venti** (20), **trenta** (30), **quaranta** (40) usw. fällt weg, wenn die Zahl 1 oder 8 folgt. Ab **venti** werden auch alle Zahlen, die mit **tre** *(drei)* enden, mit einem Akzent auf dem **é** versehen.

trentuno ~~trentauno~~ – trentotto ~~trentaotto~~
einunddreißig – achtunddreißig

trentatré ~~trentatre~~ – quarantatré ~~quarantatre~~
dreiunddreißig – dreiundvierzig

Mille heißt *Tausend* und wird im Plural zu **mila**.

1000 mille ~~un mille~~ – 2000 duemila ~~due mille~~
eintausend – zweitausend

Un milione heißt *eine Million* und **un miliardo** *eine Milliarde*. Beide Zahlen werden auf Italienisch nur mit einem **l** geschrieben.

Zoom su...

Dare i numeri bedeutet so etwas wie *spinnen*.

Luigi è completamente fuori. Dà i numeri. – *Luigi spinnt total. Er redet unverständliches Zeug.*

il 1° aprile
der 1. April

Für den ersten Tag des Monats wird im Italienischen die Ordnungszahl benutzt. Für alle anderen Tage des Monats verwendet man den bestimmten Artikel + die Grundzahl.

Il 1° (primo) maggio è la Festa dei lavoratori.
Der erste Mai ist der Tag der Arbeit. (wörtl.: Tag der Arbeiter)

È il due ~~secondo~~ aprile.
Es ist der 2. April.

Che giorno è oggi? / Quanti ne abbiamo oggi? – Oggi è il 16 aprile.
Was für ein Tag ist heute? / Den wievielten haben wir heute? – Heute ist der 16. April.

Il 15 ~~Al 15~~ agosto vado al mare.
Am 15. August fahre ich ans Meer.

Attenzione!

Im Italienischen wird die Ordnungszahl nicht mit einem Punkt nach der Zahl angezeigt, sondern mit dem letzten Buchstaben der Ordnungszahl, der hochgestellt wird: **il 1° ~~1.~~ piano** *(die 1. Etage)*, **la 2ª ~~2.~~ classe** *(die 2. Klasse)*.

il 2020
2020 / das Jahr 2020

Wenn man über eine Jahreszahl spricht, steht im Italienischen im Gegensatz zum Deutschen der Artikel.

Il 2020 ~~2020~~ è stato un anno bisestile.
2020 war ein Schaltjahr.

nel 1989
1989 / im Jahre 1989

Möchtet man *im Jahr …* sagen, dann verwendet man auf Italienisch die Präposition **nel**.

Nel 1989 ~~1989~~ è caduto il Muro di Berlino.
1989 ist die Berliner Mauer gefallen.

sono le due e mezza
es ist halb drei

Auf Italienisch fragt man mit **che ora è? / che ore sono?** *(wie spät ist es?)* nach der Uhrzeit. Die Angabe der Uhrzeit lautet dann so:

È l'una. ~~Sono l'una ora.~~
Es ist ein Uhr.

Sono le quattro e mezza. ~~È/Sono le cinque e mezza. / È/Sono le cinque meno mezzo.~~
Es ist halb fünf.

Sono le sette e un quarto. ~~È/Sono le sette e un quattro.~~
Es ist viertel nach sieben.

Sono le dieci meno venti. ~~Sono le venti meno dieci.~~
Es ist zwanzig vor zehn.

		A		B
1. Il doppio di 14 è ____ .	❍ **A**	ventiotto	❍ **B**	ventotto
2. La mia bici elettrica è costata ____ euro.	❍ **A**	tre mille	❍ **B**	tremila
3. Il ____ luglio è il suo compleanno.	❍ **A**	ventitré	❍ **B**	ventitre
4. ____ le cinque e dieci.	❍ **A**	È	❍ **B**	Sono
5. È mezzogiorno e ____ .	❍ **A**	un quattro	❍ **B**	un quarto
6. Il ____ settembre si vota.	❍ **A**	due	❍ **B**	secondo
7. ____ 2020 ci sono state quattro super lune.	❍ **A**	-	❍ **B**	Nel

Lösungen
1. B, 2. B, 3. A, 4. B, 5. B, 6. A, 7. B

RECHTSCHREIBUNG UND ZEICHENSETZUNG

Groß- oder Kleinschreibung?

il tavolo
der Tisch

lo Stato - lo stato
der Staat - der Zustand

Gentile Sig.ra...
Sehr geehrte Frau ...

Lei - Suo - La
Sie - Ihr/e - Sie

il Trecento
das vierzehnte Jahrhundert

Im Gegensatz zum Deutschen werden Substantive auf Italienisch kleingeschrieben, abgesehen von Eigennamen und ein paar Ausnahmen.

il tavolo ~~Tavolo~~
der Tisch

Es gibt einige Fälle, die von der Regel abweichen.

- Einige der Wörter mit mehreren Bedeutungen können groß- bzw. kleingeschrieben werden, um Missverständnisse zu vermeiden.

lo Stato / lo stato, – il Paese / il paese – la Borsa / la borsa
der Staat / der Zustand – das Land / das Dorf – die Börse / die Tasche

In der Korrespondenz werden Anrede, Titel sowie Abkürzungen großgeschrieben. Anders als im Deutschen kann man den Firmennamen in der Anrede benutzen.

Gentile Sig. Rossi – Spett.le ditta / Spett.le XYZ *(Firmenname)*
Sehr geehrter Herr Rossi – Sehr geehrte Damen und Herren

Großgeschrieben können in der offiziellen Korrespondenz auch die Personal- und Possessivbegleiter in der Sie-Form sowie die direkten und indirekten Objektpronomen werden.

Lei – Voi – Suo – Vostro – La – Le – Vi
Sie – Ihnen – Ihr/Sein – Sie/Ihnen

Jahrhunderte werden ebenso großgeschrieben.

il Cinquecento ~~il cinquecento~~ = il '500
das sechzehnte Jahrhundert

Der Akzent: mit oder ohne?

e - è
und - er/sie/es ist

Es gibt Wörter, die sich in der Schreibweise nur durch einen Akzent unterscheiden und damit eine andere Bedeutung bekommen.

e – è

und (Konjunktion) – er/sie/es ist

si – sì

man/sich (Pronomen) – ja

da – dà

seit/von/bei/aus (Präposition) – er/sie/es gibt

li – lì

sie (direktes Objektpronomen, 3. Person Plural männlich) – dort (Adverb)

la – là

sie (direktes Objektpronomen, 3. Person Singular weiblich) – dort (Adverb)

ne – né

davon – weder (... noch ...) (Konjunktion)

pero – però

Birnenbaum – jedoch (Konjunktion)

giacche – giacché

Jacken – da (Konjunktion)

papa – papà

Papst – Vater

Buono a sapersi!

Dieser Kinderreim hilft dabei zu lernen, wo man den Akzent setzen soll: **Su qui e qua l'accento non va, su lì e là l'accento ci sta.** – *Auf 'qui' und 'qua' setzt man keinen Akzent, auf 'lì' und 'là' passt der Akzent.*

Der Apostroph: mit oder ohne?

l'orologio
die Uhr

poco → po'
wenig

fa'
mach

Der Apostroph zeigt, dass der Vokal am Wortende weggefallen ist. Dies geschieht, um das Zusammentreffen von zwei Vokalen zu vermeiden.

l~~a~~ arancia → l'arancia – un~~a~~ arancia → un'arancia
die Orange – eine Orange

bell~~a~~ idea → bell'idea – buon~~a~~ amica → buon'amica
gute Idee – gute Freundin

In manchen Fällen wird der Apostroph auch gesetzt, um anzuzeigen, dass eine ganze Silbe wegfällt.

un po~~co~~ → un po'
ein wenig

Zudem wird der Apostroph oft bei den Imperativformen (du-Form) einiger unregelmäßiger Verben verwendet.

stai → sta'! – fai → fa'! – dai → da'! – vai → va'!
bleib! – mach! – gib! – gehe!

di'!
sag!

Attenzione!

Neben den oben genannten Imperativformen **sta'**, **fa'**, **da'** und **va'** sind auch die Formen ohne Apostroph **stai**, **fai**, **dai** und **vai** korrekt und üblich. Bei **dire** dagegen ist nur **di'** korrekt.

BLITZQUIZ

Quel ragazzo avrà ___ anni.

- ❍ **A** venti
- ❍ **B** vent'

Orthografische Stolpersteine

azione
Aktion

metafora
Metapher

Bei einigen Wörtern unterscheiden sich die deutsche und die italienische Schreibweise nur minimal. Die Endung *-ktion* lautet im Italienischen **-zione**.

produzione ~~productione~~ – **funzione** ~~functione~~
Produktion – Funktion

Das deutsche **ph** wird im Italienischen mit **f** wiedergegeben.

fisica ~~phisica~~ – **fase** ~~phase~~
Physik – Phase

Attenzione!

Weitere mögliche orthografische Stolpersteine betreffen u. a. folgende Wörter.

dicembre *(Dezember)*, **chitarra** *(Gitarre)*, **esperto** *(Experte)*, **carnevale** *(Karneval)*, **confort** *(Comfort)*, **commedia** *(Komödie)*, **corridoio** *(Korridor)*, **attestato/certificato** *(Attest)*, **ortopedico** *(Orthopäde)*

Lösung Blitzquiz
B

Homofone

o - ho
oder - ich habe

Homofone sind Wörter, die die gleiche Aussprache haben, allerdings anders geschrieben werden. Die Wörter haben verschiedene Bedeutungen.

anno – hanno
Jahr – sie haben

o – ho
oder – ich habe

a – ha
in/zu/an (Präposition) – er/sie/es hat

lago - l'ago
See - die Nadel

Man spricht auch von Homofonen, wenn mehrere hintereinanderstehende Wörter betroffen sind. Diese werden gleich ausgesprochen, es gibt jedoch eine leicht unterschiedliche Schreibweise.

lago – l'ago
See – die Nadel

loro – l'oro
sie (Personalpronomen) – das Gold

luna – l'una
Mond – ein Uhr

l'agente – la gente
der Agent – die Leute

cera – c'era
Wachs – es gab

lama – l'ama
Lama/(Messer-)Klinge – er/sie/es liebt ihn/sie/es

divino – di vino
göttlich – Wein- (Bestimmung der Art und Weise)

Zeichensetzung: Unterschiede

la virgola – ,
das Komma

Das Komma wird gesetzt, um eine Sprechpause zu markieren. Es gibt allerdings im Italienischen – anders als im Deutschen – keine strengen Regeln dafür. Im Allgemeinen setzt man es bei Aufzählungen und vor Konjunktionen wie **ma** *(aber)* und **mentre** *(während)*. Kein Komma steht dagegen vor **che** in der indirekten Rede, vor Kausalsätzen mit **perché** sowie bei Relativsätzen.

Dicono che andrà tutto bene. ~~Dicono, che andrà…~~
Sie sagen, es wird alles gut werden.

Rilassati perché è tutto a posto! ~~Rilassati, perché è…~~
Entspann dich, denn alles ist in Ordnung.

Ho visto Giacomo che correva. ~~Ho visto Giacomo, che…~~
Ich habe Giacomo gesehen, der joggte.

i due punti – :
der Doppelpunkt

Nach dem Doppelpunkt wird der Satz im Deutschen großgeschrieben, im Italienischen dagegen wird das Wort nach dem Doppelpunkt immer kleingeschrieben.

Sta male: non può più neanche lavorare.
Es geht ihm/ihr schlecht: Er/Sie kann nicht einmal mehr arbeiten.

le virgolette – "…"
die Anführungszeichen

Die Anführungszeichen werden im Deutschen erst unten, dann oben gesetzt, im Italienischen dagegen setzt man beide Anführungszeichen oben.

"Essere o non essere, questo è il problema."
„Sein oder nicht sein, das ist die Frage."

i puntini di sospensione – …
die Auslassungspunkte

Die Auslassungspunkte werden im Deutschen getrennt vom Wort gesetzt, im Italienischen werden sie direkt an das Wort angesetzt.

Sono senza parole. Non so cosa dire…
Ich bin baff. Ich weiß nicht, was ich sagen soll …

Zoom su... Weitere Zeichensetzungen (**la punteggiatura**) sind **il punto** *(der Punkt)*, **il punto e virgola** *(das Semikolon)*, **il punto di domanda** *(das Fragezeichen)*, **il punto esclamativo** *(das Ausrufezeichen)*.

QUIZ

Rechtschreibung und Zeichensetzung

	A	B
1. Oggi ____ va tutti al mare!	❍ A si	❍ B sì
2. Guarda ____! Qualcosa si muove.	❍ A la	❍ B là
3. ____ adesso, altrimenti arrivi tardi!	❍ A Va'	❍ B Và
4. A ____ festeggiamo insieme.	❍ A decembre	❍ B dicembre
5. Guarda che ____ piena!	❍ A luna	❍ B l'una
6. Che profumino! Cosa ____ cucinato?	❍ A ai	❍ B hai
7. È in ritardo ____ perché ha perso il treno.	❍ A -	❍ B ,
8. Svegliati: ____ primavera è arrivata!	❍ A la	❍ B La
9. È una ____ moderna in vetro.	❍ A costructione	❍ B costruzione
10. ____ è la dea dell'amore.	❍ A Aphrodite	❍ B Afrodite

Lösungen
1. A, 2. B, 3. A, 4. B, 5. A, 6. B, 7. A, 8. A, 9. B, 10. B

AUSSPRACHE

Betonung

armadio
Schrank

Die meisten italienischen Wörter werden auf der vorletzten Silbe betont.

armadio – marito – telecomando
Schrank – Ehemann – Fernbedienung

telefono
Telefon / ich telefoniere

Einige Wörter betont man auf der drittletzten Silbe.

simile – telefono – sandali
ähnlich – Telefon / ich telefoniere – Sandale

accademia
Akademie

Bei einigen Wörtern, die im Deutschen ähnlich geschrieben werden, weicht die italienische von der deutschen Betonung ab.

accademia – analisi – catastrofe
Akademie – Analyse – Katastrophe

chilometro – metodo – periodo – tappeto
Kilometer – Methode – Periode – Teppich

Attenzione!

Im Italienischen setzt man einen Akzent als graphisches Zeichen nur auf Wörter, die auf der letzten Silbe betont sind, oder die einsilbig sind und falsch ausgesprochen werden könnten (Für weitere Hinweise s. Kapitel *Grammatik: Das Substantiv: besondere Fälle bei der Pluralbildung*).

libertà – caffè – così – però – più
Freiheit – Kaffee – so – aber – mehr

Konsonanten

folla
(Menschen-) Menge

Alle Konsonanten außer **h** und **q** (abgesehen vom Wort **soqquadro** – *Durcheinander*) können in einem Wort doppelt auftreten. Bei solchen Doppelkonsonanten wird der Laut stärker betont und länger gehalten.

abbraccio – anno
Umarmung – Jahr

cappello - capello
Hut - Haar

Achtung! Es gibt auch Wörter, die sich von anderen nur durch den Doppelkonsonanten unterscheiden. Die Wörter haben meistens zwei völlig andere Bedeutungen.

molle – mole
weich – Menge

palla – pala
Ball – Schaufel

pappa – papa
Brei – Papst

sonno – sono
Schlaf – ich bin / sie sind

accesso – acceso
Zugang – eingeschaltet

donna – dona
Frau – er/sie/es schenkt / Sie schenken

cassa – casa
Kasse – Haus

penna – pena
Stift – Leid

Diphthonge

Europa – Austria – ieri – sei
Europa – Österreich – gestern – sechs, du bist

Bei Wörtern mit Doppellauten, z. B. **eu**, **au**, **ie**, **ei** usw., werden die einzelnen Vokale ausgesprochen. Der Klang der einzelnen Vokale bleibt also im Italienischen erhalten.

neutro – paura – fieno – lei
Neutrum – Angst – Stroh – sie

In italienischen Wörtern können auch drei oder vier Vokale in derselben Silbe vorkommen. Auch hier werden alle Vokale hintereinander ausgesprochen.

miei – aiuola
meine – Beete

bravo – dolce
bravo – süß

Die Buchstaben **b** und **d** sind im Italienischen immer stimmhaft. Sie klingen nie wie **p** und **t** wie im Deutschen. Daher verursacht die Aussprache dieser Buchstaben – vor allem am Wortanfang – manchmal Schwierigkeiten.

bravo [~~**pravo**~~] – **bambino** [~~**pampino**~~]
bravo – Kind

dolce [~~**tolce**~~] – **doccia** [~~**toccia**~~]
süß – Dusche

ho
ich habe

Im Italienischen wird der Buchstabe **h** im Allgemeinen nicht ausgesprochen, er ist stumm!

ho – hai – ha – hanno – hotel
ich habe – du hast – er/sie/es hat / Sie haben – sie haben – Hotel

Besonderheiten in der Aussprache

corso - cena
Kurs - Abendessen

gara - giro
Wettbewerb - Runde, Tour

Stehen **c** und **g** vor **a**, **o** und **u**, werden **c** und **g** hart gesprochen, also **c** wie in *Kasten* und **g** wie in *Gitter.*

casa – fuoco – cuore – gatto– lago – gusto
Haus – Feuer – Herz – Katze – See – Geschmack

Stehen **c** und **g** vor **i** und **e**, wird **c** wie in *Matsch* und **g** wie in *Gin* gesprochen.

cena – cinema – agile – argento
Abendessen – Kino – agil – Silber

Ein **h** vor **i** oder **e** macht das **c** und **g** hart.

archi – buche – luoghi – traghetto
Bögen – Löcher – Orten – Fähre

Attenzione!

C und **g** werden nicht nur vor **h**, sondern auch vor **r** oder **l** hart ausgesprochen.

cratere – grande – claustrofobia – globo
Krater – groß – Klaustrophobie – Kugel

Eine Ausnahme betrifft die Buchstabenkombination **g + l** gefolgt von **i**, die auch mouilliert, also ähnlich wie ein deutsches **lj** ausgesprochen werden kann (s. Seite 183).

buccia
Schale

giornale
Zeitung

Wenn **ci** oder **gi** vor **a**, **o** oder **u** steht (**cia**, **cio**, **ciu** bzw. **gia**, **gio**, **giu**), wird das **i** nicht ausgesprochen. Es zeigt nur an, dass das **c** oder **g** weich ausgesprochen werden.

quercia – bacio – acciuga – giallo – agio – giugno
Eiche – Kuss – Sardelle – gelb – Behaglichkeit – Juni

Vorsicht! Wenn das **i** betont wird, wird es auch ausgesprochen: **allergia** *(Allergie)*, **farmacia** *(Apotheke).*

scena
Szene

Die Kombination **sc** vor **i** und **e** wird wie **sch** im deutschen *Scherz* ausgesprochen.

scherzo
Scherz

pesce [peʃe] – **scema** [ʃema] – **sci** [ʃi] – **scivolo** [ʃivolo]
Fisch – blöd – Ski – Rutsche

In allen anderen Fällen (**sca**, **sco**, **scu**) sowie bei **sc** + **h** + **i/e** (**schi**, **sche**) wird **sc** bzw. **sch** hart wie in *Skat* ausgesprochen.

pesche [peske] – **schema** [skema] – **fischio** [fiskio]
Pfirsiche – Schema – Pfiff

arrivederci
auf Wiedersehen

Der Klang des **r** wird im Italienischen erzeugt, indem die Zungenspitze im vorderen Teil des Gaumens vibriert. Dieser Laut wird nicht wie im Deutschen im Rachen gebildet.

rosso – **arrabbiato** – **rotondo**
rot – geärgert – rund

Buono a sapersi!

Sollten Sie es nicht schaffen, das **r** zu rollen, ist das gar nicht schlimm! Sogar einige Italienerinnen und Italiener können das 'gerollte' **r** nicht aussprechen, dann spricht man von **erre moscia** – *ein weiches „r"*.

vaso
Vase

Der Konsonant **v** wird wie ein **w** im deutschen *Watte* ausgesprochen, und nicht wie ein **f** wie z. B. in *Vogel*.

vespa [~~fespa~~] – **vero** [~~fero~~] – **vulcano** [~~fulcano~~]
Wespe – echt/wahr – Vulkan

famiglia
Familie

Die Buchstabenkombination **gli** wird meistens wie im deutschen *brillant* ausgesprochen.

figlio – moglie – biglietto – maglione
Sohn – Ehefrau – Fahrkarte – Pullover

Vorsicht! Die Kombination **gli** wird in Ausnahmenfällen hart wie im deutschen *Gletscher* ausgesprochen, z. B. **glicemia** *(Blutzucker)*, **glicine** *(Glyzinie)*, **negligente** *(nachlässig)*.

Die Konsonantenkombination **gl** gefolgt von **a**, **e**, **o** und **u** (**gla, gle, glo, glu**) wird dagegen immer wie im deutschen *Gletscher* ausgesprochen.

gladiatore – inglese – globo – glutine
Gladiator – Engländer/in / englisch – Kugel – Gluten

pigna
Pinien

Die Konsonantenkombination **gn** entspricht einem mouillierten **n**, wie in *Kognak*.

bagno – segnale – gnocchi
Badezimmer – Signal – Gnocchi

quasi
quasi, fast

Die Kombination von **q** und **u** (-**qu**-) wird auch im Italienischen immer von einem Vokal gefolgt und sie wird wie ein deutsches **k** und ein sehr dunkles **u** ausgesprochen, wie in *Kuba*, also nicht **kw** wie in *Qual*!

quando [~~kwando~~] – **quale** [~~kwale~~]
wann – welche/r/s

Homografe

ancora – ancora
Anker – noch

Homografe sind Wörter, die gleich geschrieben werden, allerdings anders betont werden, und damit zwei Bedeutungen haben. Im Italienischen wird z. B. im Gegensatz zum Französischen die Betonung graphisch nicht durch Zeichen angegeben, daher versteht man aus dem Kontext, wie diese Wörter zu betonen sind, wenn man sie liest.

Il viola è il mio colore preferito.
Violett ist meine Lieblingsfarbe.

Chi viola la legge viene punito.
Derjenige, der gegen das Gesetz verstößt, wird bestraft.

Mi piace leggere.
Ich mag lesen.

Queste valigie sono veramente leggere.
Diese Koffer sind wirklich leicht.

Getta l'ancora!
Wirf den Anker aus!

Non sono ancora arrivati?
Sind sie immer noch nicht angekommen?

Hier noch ein paar weitere Beispiele von Homografen: **subito – subito** *(sofort – erlitten, Partizip von subire)*, **legami – legami** *(binde mich fest, Imperativ du-Form von legare – Bindungen)*, **capitano – capitano** *(Kapitän – sie passieren/geschehen)*, **presidi – presidi** *(Schulleiter – Sicherungen)*, **principi – principi** *(Prinzipien – Prinzen)*, **ambito – ambito** *(Bereich – begehrt)*, **desideri – desideri** *(du wünschst – Wünsche)*.

QUIZ

Aussprache

1. Dove lavora tuo ____?	❍ A marito	❍ B marito
2. Domani l'____ è aperta al pubblico.	❍ A Accademia	❍ B Accademia
3. Dai giochiamo con la ____.	❍ A palla	❍ B pala
4. Che puzza di ____!	❍ A pesce	❍ B pesche
5. Ho ____ qualche giorno di vacanza.	❍ A ancora	❍ B ancora
6. Queste casse sono molto ____.	❍ A leggere	❍ B leggere
7. È una persona dai sani ____.	❍ A principi	❍ B principi
8. Aspettami! Vengo ____.	❍ A subito	❍ B subito
9. È un posto di lavoro molto ____.	❍ A ambito	❍ B ambito
10. Chi ha ____ la luce in cucina?	❍ A accesso	❍ B acceso
11. Sono cose che ____, non ti preoccupare.	❍ A capitano	❍ B capitano
12. Mi presti la tua ____ blu?	❍ A pena	❍ B penna

Lösungen
1. A, 2. B, 3. A, 4. A, 5. B, 6. B, 7. B, 8. A, 9. B, 10. B, 11. A, 12. B

STIL

Anrede

Caro..., / Cara..., *Lieber ..., / Liebe ...,*

Briefe und E-Mails können unterschiedlich beginnen, je nachdem, an wen man schreibt. Auf die Anrede folgt normalerweise ein Komma. Schreibt man an Freunde oder gute Bekannte, kann man mit **ciao** oder **caro/-a** anfangen.

Ciao Federica,
Hallo Federica,

Caro Paolo, / Cara Giulia,
Lieber Paolo, / Liebe Giulia,

Gentile Signor..., / Signora..., *Sehr geehrter Herr ..., / Sehr geehrte Frau ...,*

In etwas formellen Briefen und E-Mails schreibt man **signore/signora**, Titel oder Auszeichnungen groß.

Gentile/Gentilissimo Signor Rossi, / Gentilissima Signora Bianchi,
Sehr geehrter Herr Rossi, / Sehr geehrte Frau Bianchi,

Gentile Avvocato Verdi, / Gentile Professoressa Verdi,
Sehr geehrter Herr (wörtl.: Rechtsanwalt) Verdi, / Sehr geehrte Frau (wörtl.: Professorin) Verdi,

Spettabile ditta..., *Sehr geehrte Damen und Herren,*

Für die Korrespondenz mit Firmen verwendet man die Anrede **Spettabile ditta / Spettabile** + *Firmenname (Sehr geehrte Damen und Herren).*

Attenzione!

In der Anrede von E-Mails und Briefen ist die Verwendung von Abkürzungen verbreitet: **Fam. = Famiglia** *(Familie)*, **Gent. = Gentile / Gent.mo/Gent.ma = Gentilissimo/-a** *(Sehr geehrter Herr / Sehr geehrte Frau)*, **Sig. = Signor / Sig.ra = Signora** *(Herr/Frau)*, **Arch. = Architetto** *(Architekt)*, **Prof. = Professore / Prof.ssa = Professoressa** *(Professor/Professorin)*, **Rag. = Ragionier** *(Buchhalter)*, **Ing. = Ingegner** *(Ingenieur)*, **Spett.le... = Spettabile...** *(Sehr geehrte Damen und Herren).*

Schlussformeln

Saluti
Grüße

Auch die Schlussformeln für Briefe und E-Mails sind unterschiedlich. An enge Freunde oder Verwandte kann man z. B. so schreiben.

Ciao
Tschüss

Un bacio / Baci / Baci e abbracci
Ein Kuss / Küsse / Küsse und Umarmungen

Un (forte) abbraccio
Eine starke Umarmung

Saluti
Grüße

Übliche Schlussformeln bei förmlicheren Briefen sind dagegen folgende:

Distinti saluti
Mit freundlichen Grüßen

Cordiali saluti
Herzliche Grüße

Attenzione!

Vorsicht! Das Datum schreibt man im Italienischen ohne Punkt und ohne Artikel!

Pordenone, 16 aprile 2020 ~~Pordenone, il 16. aprile 2020~~ – *Pordenone, den 16. April 2020*

Das Datum kann man auch auf zwei weitere Arten schreiben:

Pordenone, 16.04.2020 / Pordenone, 16/04/2020

Telefon

pronto
hallo

Am Telefon, wenn auf dem Display nicht erkennbar ist, wer gerade anruft, antwortet man im Italienischen mit **pronto**, das *hallo* bedeutet. Dabei sagt man nicht, wie im Deutschen, seinen eigenen Namen. Üblich ist es, dass der Anrufer sich zuerst vorstellt.

Pronto. – Buongiorno, sono Lea, vorrei parlare con Ivan.
Hallo. – Guten Tag, ich bin Lea, ich würde gerne mit Ivan sprechen.

Pronto. – (Pronto.) Buongiorno, parla Rossi, chiamo per confermare il nostro appuntamento.
Hallo. – (Hallo,) Guten Tag, hier spricht Rossi, ich rufe an, um unseren Termin zu bestätigen.

Attenzione!

Das Wort **pronto** ist auch im Ausdruck **essere pronto/-a** *(fertig/bereit sein / vorbereitet sein, etwas zu tun)* zu hören.

Sei pronto? Dai che partiamo!
Bist du fertig? Komm, wir fahren los!

Adesso sì che sei pronto a partire per l'Italia!
Jetzt bist du gut vorbereitet, um nach Italien zu fahren!

nn ho + batteria (= non ho più batteria)
mein Akku ist leer

In informellen SMS und WhatsApp-Nachrichten ist die Verwendung von Abkürzungen verbreitet, z. B. **nn** = **non** *(nicht)*, **xché** = **perché** *(weil/warum)*, **x** = **per** *(für)*, **+** = **più** *(mehr)*, **-** = **meno** *(weniger)*, **+ o -** = **più o meno** *(mehr oder weniger)*, **qst** = **questo/-a/-i/-e** *(dieser/e/s)*, **cmq** = **comunque** *(auf jeden Fall)*.

Mi dispiace, ma nn posso venire xché devo lavorare, cmq ci vediamo qst fine settimana.
Es tut mir leid, aber ich kann nicht kommen, weil ich arbeiten muss, auf jeden Fall sehen wir uns dieses Wochenende.

Glückwünsche

Auguri!
Herzlichen Glückwunsch!

Es gibt zahlreiche Möglichkeiten, jemandem zu gratulieren: Geburtstage, Feierlichkeiten, Reisen, Prüfungen usw. Es ist wichtig, die richtigen Formulierungen zu verwenden, die manchmal anders als im Deutschen klingen.

Auguri!
Herzlichen Glückwunsch!

Congratulazioni!
Gratulation!

Complimenti!
Herzlichen Glückwunsch!

Buon compleanno!
Alles Gute zum Geburtstag!

Buona ~~Felice~~ Pasqua!
Frohe Ostern!

Buon ~~Felice~~ Natale e felice ~~buon~~ Anno Nuovo!
Frohe Weihnachten und ein gutes neues Jahr!

Buon viaggio!
Gute Reise!

Buona ~~Tanta~~ fortuna!
Viel Glück!

Benvenuto/-a!
Willkommen!

Höflichkeit

grazie – prego
danke – bitte

per favore / per cortesia / per piacere
bitte

Als Antwort auf **grazie** *(danke)* verwendet man **prego** *(bitte sehr)* oder **di niente** *(keine Ursache)* oder noch **figurati** (wenn man sich duzt) bzw. **si figuri** (wenn man sich siezt), beide mit *nichts zu danken* zu übersetzen.

Grazie per avermi richiamata. – Prego, figurati!
Danke, dass du mich zurückgerufen hast. – Bitte, nichts zu danken!

Prego verwendet man auch, wenn man etwas anbietet.

Ecco la torta alle fragole. Prego, serviti pure!
Hier die Erdbeertorte. Bitte, bediene dich ruhig!

Per favore, per piacere, per cortesia – alle auf Deutsch mit *bitte* zu übersetzen – sagt man generell, wenn man um etwas bittet.

Per piacere, puoi abbassare il volume della radio?
Kannst du bitte das Radio leiser stellen?

scusa/scusi!
entschuldige! / entschuldigen Sie!

Scusi bzw. **scusa** sagt man auch, wenn man jemanden anspricht, um ihn nach etwas zu fragen. Diese Wörter dienen dazu, die Aufmerksamkeit auf sich zu lenken. Siezt man sich, dann sagt man **scusi!** *(entschuldigen Sie bitte!)*. Duzt man die angesprochene Person, heißt es **scusa!** *(entschuldige!)*. Passen Sie auf! Verwechseln Sie die du- und Sie-Form des Imperativs nicht!

Scusi ~~Scusa~~, è libero questo posto?
Entschuldigen Sie, ist dieser Platz frei?

Außerdem werden **scusi**, **scusa** oder auch **permesso** verwendet, wenn man an jemandem vorbeigehen möchte, z. B. im Bus.

Scusi/Permesso, vorrei passare…
Entschuldigen Sie, darf ich vorbei?

mi dispiace
es tut mir leid / ich bedaure

Das Verb **dispiacere** *(leid tun)* verwendet man, um sein Bedauern auszudrücken.

Mi dispiace che tu non possa venire, sarà per la prossima volta.
Es tut mir leid, dass du nicht kommen kannst, wir sehen uns das nächste Mal.

Attenzione!

In verneinten Sätzen haben Ausdrücke mit **dispiacere** eine positive Bedeutung, auch wenn abgeschwächt.

Non mi dispiace heißt z. B. *es gefällt mir ziemlich gut.*

Non mi dispiacerebbe fare un giro in bici. – *Ich hätte Lust, eine Fahrradtour zu machen.*

accomodarsi
es sich bequem machen, Platz nehmen, hereinkommen

Accomodarsi bedeutet *es sich bequem machen, Platz nehmen, hereinkommen.* Diesen Ausdruck zu verwenden ist eine sehr höfliche Art, jemanden einzuladen, das zu tun.

Prego, si accomodi!
Nehmen Sie doch bitte Platz!

Permesso? – Prego, accomodati!
Kann ich hereinkommen? – Bitte, komm herein!

Accomodatevi, fate come se foste a casa vostra!
Macht es euch / Machen Sie es sich bequem, als ob ihr/Sie zu Hause wärt/wären.

Achtung! **Sedersi** bedeutet *sich hinsetzen*, im Vergleich zu **accomodarsi** klingt es sehr direkt.

Prego, si sieda!
Bitte setzen Sie sich!

QUIZ

Stil

1. Gent.mo ____ Davide Pallino, …	❍ **A** sig.	❍ **B** Sig.
2. ____ FCA Group, vorrei…	❍ **A** Spett.le	❍ **B** Gentile
3. Torino, ____ marzo 2020	❍ **A** 19	❍ **B** 19.
4. Ti auguro una ____ Pasqua.	❍ **A** felice	❍ **B** buona
5. ____, mi potrebbe portare il conto?	❍ **A** Scusa	❍ **B** Scusi
6. ____, entra pure!	❍ **A** Prego	❍ **B** Permesso
7. ____ subito qui, ti devo parlare.	❍ **A** Siediti	❍ **B** Accomodati
8. ____?! Non ti sento. È caduta la linea...	❍ **A** Pronto	❍ **B** Ciao
9. ____, mi fa passare, per favore?	❍ **A** Permesso	❍ **B** Scusa
10. Grazie per l'aiuto! – ____!	❍ **A** Niente	❍ **B** Di niente

Lösungen

1. B, 2. A, 3. A, 4. B, 5. B, 6. A, 7. A, 8. A, 9. A, 10. B